武汉新闻工作者协会
武汉广播电视台 | 编著

中国青年新闻记者学会
纪念文集

人民出版社

目　录

1

序

这是一份特别的纪念，希望这本书成为积淀"青记"文化、传承"青记"精神的一个良好开篇。

"青记"的力量

"抗战一定能胜利，同时抗战一定会将中国腐败的成分扔掉，而在抗战过程中逐渐产生出崭新的力量，这是我们的信念。"

——《中国青年新闻记者学会成立宣言》

这是一次特别的纪念。

十几位专家学者、"青记"后人、青年记者从天南海北，用他们的眼睛，去观照"青记"的过去和未来；用他们的心灵，去丈量历史和现实之间的距离。这一篇篇饱含着中国新闻人美好精神传统的文集在今天编撰成册，结集出版，正是为了让每个人不忘初心，从历史中获得力量，资以微鉴，承前启后，继往开来！

1938年，在周恩来同志的指导和支持下，范长江等老一辈优秀新闻工作者创立了中国青年新闻记者协会（后更名为"中国青年新闻记者学会"，简称"青记"）。那时的中华民族正经历着前所未有的巨大灾难，日寇野蛮入侵，城乡战火连绵，人民生灵涂炭，大地赤地千里。

面对巨灾重创的中国，"青记"成员们冒着生命危险深入战地一线，以照相机为武器拍摄了大量反映日军战争暴行的照片。血淋淋的躯体、残垣断壁的城乡、流离失所的难民，这些照片以及充满情感的文字构成了对读者的巨大视觉冲击，如同吹响嘹亮的集结号声，凝聚起了中华同胞同侵略者血战到底的空前斗志，坚定了中华儿女抗日救国的必胜信念。

在中国共产党号召和带领下，"青记"动员和带领进步青年记者们积极投身抗日救亡报道，视死如归，前赴后继，为民族解放和新中国成立的伟大事业作出了重要贡献。1949年7月，中华全国新闻工作者协会筹委会在北平成立，并与其他全国性人民团体、民主党派共同发起了中国人民政治协商会议。1957年2月，中华全国新闻工作者协会在北京正式成立。

"青记"成立时，没有一间屋，只有几十人；鼎盛时有40多个分会，2000多名会员。经过几代人的努力奋斗，中国记协现有200多名团体会员，联系服务百万新闻工作者，成为党领导的全国新闻界唯一的人民团体，成为党和政府联系新闻工作者的桥梁纽带。

回望历史，血和泪交织，铁和火迸溅，八十年光阴仿如昨日。新闻会过时，纸张会变旧，油墨会模糊，甚至记忆也会蒙尘，可是我们知道，没有任何东西比一个信念更为永恒，更有力量！我们的"青记"先辈们面对战火纷飞的中国，他们梦寐以求的"崭新力量"、他们赴汤蹈火的坚定信念就是民族的复兴、国家的富强和人民的解放。这力量穿越八十年时光，至今仍足以充塞天地，烛照人间。

建设"青记"历史陈列馆，出版纪念文集，不仅是为了怀念"青记"的先辈和一段历史，更是为了我们有一个机会把这份力量变得更强大，有一个责任把这份信念变得更美好。我们要吹响新时代的新闻集结号，这号声要求着国家与民族、人民和社会的共同幸福，这号声将召唤着信念的力量再次从人心的地平线升起，一寸寸照亮大江南北。

2016年11月7日，习近平总书记在会见中华全国新闻工作者协会第九届理事会理事时，对新闻工作者提出了"四向四做"的新要求：坚持正确政治方向，做政治坚定的新闻工作者；坚持正确舆论导向，做引领时代的新闻工作者；坚持正确新闻志向，做业务精湛的新闻工作者；坚持正确工作取向，做作风优良的新闻工作者。牢固树立"四个意识"，自觉践行"四向四做"，忠诚履行职责使命，进一步唱响主旋律，弘扬正能量，为党和人民的新闻事业贡献智慧和力量，这样的历史的接力棒已经在我们手中。

建立中国"青记"历史陈列馆仅仅只是一个开始。借用中国青年新闻记者学会成立宣言的几句话：新闻舆论可以坚定抗战胜利的信心，可以鼓舞抗战的勇气，可以打击败北主义的倾向，可以激励英勇的士气。宣言就是"青记"英雄的誓言，宣誓了光荣的"青记"精神：坚定浓烈的爱国主义、舍生取义的英雄主义、团结合作的集体主义，以及百折不挠、精益求精的职业精神。我们新时代的新闻工作者要将这种"青记"精神传承下去，发扬光大。未来，"青记"历史陈列馆将被列为爱国主义教育基地，依托这个平台引导专家学者研究"青记"历史、"青记"人物、"青记"作品，组织新闻工作者开展关于"青记"精神的教育培训，邀请各地记协工作者到"青记"纪念馆参观学习，让"青记"精神薪火相传，发扬光大。因此，这本书也仅仅还只是"青记"文化积淀的一个开篇。

（中国青年新闻记者学会纪念文集编委会）

壹 | 展馆掠影

以时间为经、以事件为纬、以人物为切入点，用新视角、新理念、新资料、新技术，全景式地重现了"青记"诞生、成长、壮大、涅槃的历程。

中国青年新闻记者学会
历史陈列馆概览

中国青年新闻记者学会（简称"青记"）历史陈列馆，以习近平总书记十九大报告中"继承革命文化，发展社会主义先进文化，不忘本来、吸收外来、面向未来"的精神为指针，以打造具有全国影响的马克思主义新闻观教育培训基地和新闻战线"走转改"活动基地为目标；力求成为武汉新闻界红色传承的主要平台和阵地，以及展示武汉新闻事业丰硕成果的重要窗口。

馆中陈列以时间为经、以事件为纬、以人物为切入点，用新视角、新理念、新资料、新技术，全景式地重现了"青记"诞生、成长、壮大、涅槃的历程。

整个陈列共分为前言、"群英汇聚　武汉举行首次'青记'代表大会"、"战地记者　枪林弹雨中谱写英雄凯歌"、"记者之家　巩固扩大新闻界统一战线"、"一刊一社　奠定'青记'历史地位"、"薪火相传　'青记'旗帜永远飘扬"、"党的领导　中国新闻事业不断壮大"、结束语等八个部分。内容包括文字、图片、实物、视频、场景复原等，真实而鲜活地再现了一段峥嵘岁月。

时任中国记协党组书记、常务副主席胡孝汉在"青记"历史陈列馆开馆仪式上致辞

陈列馆在布展方面力求创优创新，具体做到了"四新"：

元素新。展览以有形无形的"集结号"元素贯穿始终，它既是展品中的一个实物，也是展板中的一幅画，还是展室中的一段背景音。以"集结号"作为展览的核心元素，既象征着"青记"成立一声号响，全国记者云集响应，从此记者们拥有了属于自己的组织；也寓意着"青记"诞生于抗日战争的熊熊炮火，"青记"成员们纷纷以笔为枪，为救亡图存贡献绵薄之力。

内容新。一大批新的文史资料、前辈遗存、珍贵照片、时代产物重见天日。"记者之家"、"国新社"及战地记者的牺牲奉献等诸多细节，都是第一次在国内与大众见面。丰富、翔实的新材料、新发现为展览赋予了与众不同的史料意义。

特色新。武汉作为"青记"第一次代表大会的召开地以及相当一段时间的大本营，在"青记"的历史中占据了极其重要的地位。展览中也特别突出了武汉的城市特色，武汉记忆、武汉形象、武汉文化、武汉成就在陈列中随处可见，俯拾皆是。

手段新。展览充分调动了多种全新技术手段还原历史场景，力图令观众获得多媒体、全感官的观展体验。智能机器人的使用更是陈列馆中的一大亮点。作为一台复合型仪器，它既可以充当讲解员，也可以是咨询员，还可以播放视频。

"青记"历史陈列馆是对"青记"组织丰功伟绩的一次深切缅怀，

时任中国记协党组书记、常务副主席胡孝汉（左一）与"青记"会员后人一起观展

是对抗战历史中这极辉煌的一段的忠实记录。陈列馆的建成，弘扬了老一辈新闻工作者"奉献、牺牲"的伟大精神，是为中国新闻事业留史，更是为新时代精神文明建设鼓劲加油。

　　时任中国记协党组书记、常务副主席胡孝汉（左）和武汉市人大常委会副主任胡树华为陈列馆开馆揭牌

抗战烽火中的新闻"集结号"

前　言

1938年3月，抗日战场烽火连天，国家民族处于生死存亡的紧要关头。3月30日，汉口黎黄陂路上涌动着中国青年记者沸腾的热血，中国青年新闻记者学会（简称"青记"）第一次全国代表大会的召开，吹响了全国新闻界团结抗战的新闻集结号。

"青记"的成立在当时的武汉极大地凝聚了新闻界的力量，鼓舞了军民抗敌士气。新闻记者们从武汉出发，走向全国，以"星火燎原"之势席卷神州大地，直接为新中国新闻事业的发展壮大奠定了坚实的基础。现在全国百万新闻工作者的"娘家"——中华全国新闻工作者协会（简称"中国记协"）就来源于"青记"。

一　群英汇聚　武汉举行首次"青记"代表大会

在淞沪战役的炮火中，中国青年新闻记者协会在上海南京饭店成

立。鉴于上海即将沦陷，"青记"决定加紧在武汉建立自己的组织，并在向国民党中宣部申报时更名为"中国青年新闻记者学会"。1938年3月30日，中国青年新闻记者学会第一次全国代表大会在武汉胜利召开。

一　上海南京饭店的创始会议

1937年7月7日，日寇的刺刀划碎了卢沟晓月，恬淡的平津深陷梦魇之中。平津危急！华北危急！中华民族危急！面对侵略者的嚣张气焰，不屈的中国人民奋起抗争，狂飙怒卷。站在历史舞台前沿的新闻记者面对国家存亡、民族解放，在奔走，在呼号，在思考……

会议推举了总干事、候补干事，当时，"青记"仅有会员24人。

原"青记"创始会议会址，现为中国青年新闻记者协会会址纪念馆。

这是"青记"成立后印发的手册，内有"成立经过概要""协会简章"等资料，原件由陆诒之子陆良年保存。

1937 年 11 月 8 日，苏州河两岸炮声隆隆，淞沪战役已接近尾声。在中国共产党的指导和支持下，晚上 7 点，在上海山西南路 200 号的南京饭店，15 名青年新闻工作者召开会议，宣告创立中国青年新闻记者协会。

1937 年，中国青年新闻记者协会在上海南京饭店召开创始会议。图为当时的上海南京饭店。

现在位于上海山西南路 200 号的南京饭店

范长江青年时代的照片

中国青年新闻记者协会创始会员

从左至右：

（1）范长江（1909—1970），"青记"主要创始人和领导人，"青记"总干事。

（2）恽逸群（1905—1978），时任上海《立报》主笔，"青记"总干事。

（3）杨潮（1900—1946），时任上海《译报》撰稿人，"青记"总干事。

（4）袁殊（1911—1987），时任上海《华美晚报》记者，"青记"总干事。

（5）朱明（1904—1980），时任"青记"总干事。

（6）夏衍（1900—1995），时任上海《救亡日报》总编辑，"青记"候补干事。

（7）邵宗汉（1907—1989），时任上海工商通讯社负责人，"青记"候补干事。

（8）刘祖澄（生辰不详），上海《大美晚报》编辑，"青记"候补干事。

中国青年新闻记者协会创始会员

从左至右：

（9）陆诒（1911—1997），时任上海《救亡日报》编委。

（10）王文彬（1907—2003），时任上海《大公报》主编。

（11）章丹枫（1914—1994），时任中华书局编辑。

（12）邱溪映（1913—1988），时任上海《大公报》记者。

（13）孟秋江（1910—1967），时任上海《大公报》记者。

（14）金摩云（生辰不详），时任上海《大晚报》编辑。

（15）徐怀沙（1912—1998），时任上海《大晚报》战地记者。

（16）石西民（1912—1987），时任上海《申报》战地记者。

中国青年新闻记者协会创始会员

从左至右：

（17）王启煦（生辰不详），时任西安《国民日报》总编辑。

（18）戴述人（生辰不详），当时工作单位不详。

（19）耿炳光（1899—1972），时任西安《西北文化日报》记者。

（20）彭集新（1911—1974），时任中国左翼新闻记者联盟负责人之一。

（21）傅于琛（1909—1983），时任"青记"会刊《新闻记者》编辑。

（22）王纪元（1910—2001），时任上海《世界知识》编辑。

（23）季步飞（1911—1964），当时工作单位不详。

（24）陈宪章（生辰不详），时任上海大中通讯社编辑。

（二）"青记"武汉分会的成立

经过一个多月的筹备，"青记"武汉分会于 1938 年元旦成立。此时，上海、南京、太原等重要城市相继失守。从前线归来的战地记者和沦陷区搬迁撤离的新闻同业纷纷汇聚武汉，使得在武汉召开"青记"全国代表大会既具备条件，也是当务之急。

为区别于当时广泛存在的"记者公会"，同时强调自我学习和教育，1938 年 3 月 15 日，经总干事会议决定中国青年新闻记者协会更名为"中国青年新闻记者学会"，依然采用"青记"简称。

国民党中央宣传部关于中国
青年新闻记者学会成立的回复函

这是1938年3月31日《大
公报》对"青记"第一次代
表大会的报道

三 "青记"第一次全国代表大会成果丰硕

1938 年 3 月 30 日下午两点，汉口黎黄陂路基督教青年会二楼礼堂宾朋满座，济济一堂。中国青年新闻记者学会第一次全国代表大会隆重举行。

1938 年 9 月，为争取国际新闻工作者的援助，"青记"在汉口举行活动，邀请外国记者参加，沈钧儒（左二）、郭沫若（左一）前往祝贺，左三为范长江。

1938 年中国青年新闻记者学会在武汉召开第一次代表大会。图为大会会址原址，原大楼已毁于战火。

　　第一次代表大会与会代表近百人，除了上海、武汉两地外，还有长沙、广州、西安、成都、重庆、香港和南洋各地的代表，以及国民党中央委员、社会知名人士、国际友人等。

　　自此，"青记"大旗正式亮相于社会公众面前。"青记"的成立宣言表明这个组织是为抗战而生，将为了抗战而努力，同时也表明了成员们自我学习自我教育和团结的信念。

　　与此同时，"青记"打造了完备的组织运行体系。会议选举了领导成员，成立了办事机构，聘请了名誉理事。

中国青年新闻记者学会常务理事：

范长江（1909—1970），"青记"主要创始人和领导人。

钟期森（生辰不详），时任武汉《扫荡报》编辑。

徐迈进（1907—1987），时任重庆《新华日报》编辑部副主任。

中国青年新闻记者学会理事：

傅于琛（1909—1983），时任"青记"会刊《新闻记者》编辑。图为其著作。

陆诒（1911—1997），时任武汉《新华日报》采访部主任。

曾圣提（1901—1982），时任槟城《现代日报》编辑主任。

朱明（1904—
1980），时任"青
记"理事。

夏衍（1900—1995），
时任广州《救亡日报》总编
辑。

陈同生（1906—
1968），时任武汉《全
民抗战》编辑。

恽逸群（1905—
1978），时任上海《立
报》主笔。

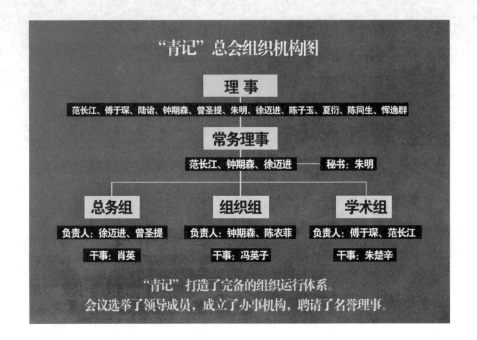

"青记"总会组织机构图

理事

范长江、傅于琛、陆诒、钟期森、曾圣提、朱明、徐迈进、陈子玉、夏衍、陈同生、恽逸群

常务理事

范长江、钟期森、徐迈进 —— 秘书：朱明

总务组

负责人：徐迈进、曾圣提

干事：肖英

组织组

负责人：钟期森、陈农菲

干事：冯英子

学术组

负责人：傅于琛、范长江

干事：朱楚辛

"青记"打造了完备的组织运行体系。
会议选举了领导成员，成立了办事机构，聘请了名誉理事。

新闻史学家在《二十世纪中国新闻界十件大事》中将中国青年新闻记者学会的成立列为第四件大事。

从此，爱国进步的新闻工作者紧密团结在党的周围，以笔为枪、以文征战，满腔热血投身到争取民族独立和人民解放的历史洪流中。

中国青年新闻记者学会成立宣言

抗战一定能胜利，同时抗战一定会将中国腐败的成分扔掉，而在抗战过程中逐渐产生出崭新的力量，这是我们的信念。

我们是愿献身于新闻事业有青年精神的记者组合，我们深信拥有四万万五千万广大人口的中国，平时全国报纸中最大的销数每日未过二十万份，合全国重要报纸销数不过每日百万份，平均每五百人始能看报一份。抗战以来，随着许多地域的陷落，纵然国内民众，对于报纸的需要更感迫切，但现时报纸销数并未激增，国内这贫弱的现象，一方面指明中国新闻事业之无限发展的前途，另一方面提示抗战中新闻事业尚有待于特殊的努力。

无疑的，新闻宣传工作的影响，对于抗战有非常重大的作用，新闻舆论可以坚定抗战胜利的信心，可以鼓舞抗战的勇气，可以打击败北主义的倾向，可以激励英勇的士气。但是过去我们将近九个月的战争，我们全国新闻纸的活动，并未充分配合着抗战的发展，圆满地发挥新闻的力量；一般来说，新闻事业的活动，并随抗战之发展而发展，相反地，在若干方面，反呈紧缩的现象。

我们特别致敬于全国新闻界先进们，对于抗战中艰难新闻事业的撑持，我们同时致慰问于陷落在战区及在战场上冒危难而工作的同业，我们尤致歉于各战场上轰轰烈烈英勇抗战的军民，因为我们并未曾将主要英勇行为无遗漏的记述报道，我们对于千百万的被难同胞并未曾将暴日兽行充分的暴露。

自然，新闻事业的改进，有待于经济、文化各方面的努力，然而为了补救目前抗战中新闻工作的缺点，为了失去岗位的同业，为了训练成功大批健全的新闻干部以应付将来新闻事业的需要，我们不能不起来组织，不能不赶紧以集体的力量，加强自我教育，加紧自我扶助。

我们知道我们自己的力量很薄弱，但是我们的事业欲望很高，我们很愿意尽力于新闻事业，诚恳的接受各方面的指导，我们尤欢迎更广泛青年同业的合作。

这是中国青年新闻记者学会第一届理事会
制发的选票。

1940 年 3 月 11 日，"青记"晋察翼分会成立大会召开，图为与会代表合影。

二　战地记者　枪林弹雨中谱写英雄凯歌

"子弹与铅字共鸣，笔杆与枪杆齐飞"。作为一个全国性青年记者社团组织，"青记"一成立就组织成员奔赴抗日的烽火前线。在滚滚硝烟之中，青年战地记者用手中的笔与纸交织成一道道火网，为抗日战场谱写了一曲曲浴血奋战的英雄凯歌。

　　范长江（1909—1970），四川内江人。他是"青记"主要创始人和领导人，杰出的新闻记者，中国新闻家，社会活动家。"手无寸铁兵百万，力举千钧纸一张。"在抗日战争时期，范长江曾"冒着敌人的炮火"深入前线采访，写出了不少名留青史的新闻作品，并做了大量的团结新闻界、发动社会各界积极参与抗战的工作。在时局危难时刻，作为一名新闻记者，他坚定了自己的信念和理想，挺直了知识分子的脊梁。

范长江,"青记"主要创始人和
领导人。

范长江著《沦亡的平津》

陆诒(1911—1997),上海县鲁汇镇人(今属上海市闵行区)。
1931 年 10 月,赴上海《新闻报》社从事新闻工作。1932 年"一·二八"
淞沪抗战爆发后任战地记者,赴前线采访过蔡廷锴、张治中等抗战
将领。1937 年冬,他在上海与范长江、恽逸群等同志共同发起组织
中国青年新闻记者协会。1938 年 1 月,到武汉《新华日报》社工作,

陆诒,中国青年新闻
记者学会理事。

陆诒著《战地萍踪》

担任编委、采访部主任。1938 年 3 月，当选为中国青年新闻记者学
会理事。

恽逸群（1905—1978），江苏武进（今常州）人。中国文化、新
闻界的杰出战士。1905 年 1 月生，1926 年 7 月加入中国共产党。
1932 年，他投身新闻界，先后在上海《立报》、香港《生活日报》、
上海《导报》和《译报》任编辑、总编辑等，并参与发起成立"上海
文化界救国会"。

恽逸群，中国文化、
新闻界的杰出战士。

恽逸群著《恽逸群文集》

陈同生（1906—1968），曾用名陈农菲、笔名"侬非"等，四川
营山人。1938 年，任"青记"南方办事处主任。同时，为华侨报纸
当战地记者。1939 年，陈同生赴湖南衡阳为"青记"印制会刊而遭
遇特务秘密逮捕。押送途中，乘敌机轰炸之机得以脱逃，辗转至上海
找到党组织，任《导报》主编。后参加新四军工作，曾任新四军挺进
纵队政治部副主任。

陈同生,"青记"南方办　　　　　　"青记"成员陈
事处主任。　　　　　　　　　　同生传记《戎马书生》

赵家欣（1916—2014），抗战初期在福建《星光日报》任记者，22岁出版了一本抗战特写集《今日的厦门》。1938年3月30日，他参加了在武汉召开的"青记"第一次会员代表大会，同时他还参加了"中华全国文艺界抗敌协会（中国作协前身）"成立大会，大会结束后他立即奔赴台儿庄前线采访。

"记者作家"赵家欣　　　　　赵家欣著《风雨故人情》

石宝瑚（1911—2012），河北省乐亭县人。20世纪30年代中叶留学日本，在东京参加抗日运动。抗战全面爆发后回国，成为职业记

者，任重庆《新蜀报》前线战地记者及主笔，撰写的战地通讯深受读者喜欢并产生了广泛的影响。是"青记"最早的会员之一。后来在中共的领导下与同仁一起创办国际新闻社，是国际新闻社 17 个创办人之一。石宝瑚曾有言要将"最后一颗子弹留给自己"：看到战地记者石宝瑚一身戎装，佩带手枪，李宗仁问道：一个记者有纸有笔不就可以了，还要什么手枪呢？石宝瑚回答：万一一个人或者人少的时候，突然遭遇日本鬼子，有枪可以跟他们拼命，实在不行可以自杀。

"青记"早期会员石宝瑚，国际新闻社创始人之一。　　　　　石宝瑚战地通讯集《金戈铁马烽火天》

赵悔深（1911—1998），生于河南，笔名"流萤"，后改名李蕤。抗战爆发后，先后担任《大刚报》、洛阳《阵中日报》、南阳《前锋报》、开封《中国时报》的副刊编辑、主笔等职。参加范长江等人领导的"青记"和"国新社"。1938 年采访过台儿庄战役，1942 年报道过惨绝人寰的河南大灾。因撰文反对国民党反动派的专制统治，于 1940 年和1947 年两次被捕入狱。

赵悔深，曾任"青记"洛阳分
会会长。

赵悔深著《文艺问题短论集》

乔秋远（1909—1942），河南偃师人，"青记"早期会员。1937年"七七"事变爆发，进入开封《民国日报》。1938年初，乔秋远以特派记者身份，赴徐州会战前线采访，先后在徐州和台儿庄地区前线采访。他以"冠生"为笔名，发出多篇战场报道。1939年初，乔秋远到延安，以"国新社"华北特派记者、华北《新华日报》编辑身份，在华北抗日前线采访。1942年牺牲。

乔秋远，"青记"早期会员。

乔秋远烈士日记·家信集

　　徐盈、彭子冈是"青记"会员中的一对夫妻记者。徐盈（男，1912—1996），1933年底进入上海《大公报》，从此开始记者生涯。1938年加入中国共产党，任中共重庆和北平办事处主任，并成为"青记"会员。彭子冈（女，1914—1988），1938年1月进入汉口《大公报》任外勤记者，同年8月加入中国共产党，并成为"青记"会员。

左：彭子冈，右：徐盈

彭子冈著《子冈作品选》

　　石西民（1912—1987），浙江省浦江县人。抗战爆发后，他以《申报》战地记者身份赶赴前线，采访华北战场和淞沪战役，发表了一系列战地新闻。1937年底，他在武汉参加党报《新华日报》的筹建和创刊工作。他是"青记"创始会员。1938年夏，作为《新华日报》特派战地记者，他前往赣北皖南前线采访。1939年3月，他又三越封锁线前往苏南游击区采访，发表了《陈毅将军访问记》等多篇报道。1939年后，他在《新华日报》先后担任编辑部主任、采访部主任、编委和社委。

石西民，"青记"
创始会员。

石西民著《报人生
活杂忆——石西民新闻
文集》

陈碧星（1910—1940），原名陈柏生，福建人，1929年任共青团
福建省委书记。曾被捕关入厦门思明监狱，后共产党发动震惊中外的
厦门破狱斗争，救出陈柏生等人。小说《小城春秋》以此题材为背景
写就，后被拍成同名电影。

陈碧星，曾任共青团福
建省委书记。

菲律宾《新闻日报》记
者陈碧星的通讯员证

徐州会战结束后,参与报道的 30 多位记者历经百般困难,分头突出重围,回到武汉。在"青记"的组织下,由战地记者们集体编撰的《徐州突围》一书仅用了两个月的时间即告出版发行。《徐州突围》一书收录文章 33 篇,既表现了徐州会战中残酷血腥的战斗、惊心动魄的经历,也展示了中国军民坚不可摧的意志与勇敢智慧的精神。全书共 12 万字,除了个别文章外,都是首次问世,是反映徐州突围最有影响的书籍之一。

《徐州突围》封面及扉页

"为有牺牲多壮志,敢教日月换新天。"为了国家的解放,为了民族的独立,"青记"许多优秀记者献出了年轻而宝贵的生命。

1942 年 5 月,日本侵略军对我抗日根据地进行残酷扫荡,新华日报社(华北版)社长、"青记"北方办事处主任何云等四十多位新闻工作者壮烈牺牲。

位于山西省左权县的太行
新闻烈士纪念碑

抗战期间部分殉职新闻工作者

何云

方大曾

高咏

雷烨

李洪

郑贻进（仓夷）

三　记者之家　巩固扩大新闻界统一战线

在"青记"成立之前，各家媒体记者之间很少往来，有的甚至尖锐对立。"青记"成立后，团结广大新闻记者就成为其努力目标之

20世纪30年代老汉口里份

20世纪30年代桂林市的环湖路

一。其中，"青记"开办的记者之家，有力地扩大巩固了新闻界统一战线。

在武汉这座战时首都里，云集着全国各地的文艺青年。由于人生地不熟，他们中的许多人报国无门，甚至流落街头。针对这个问题，"青记"帮助许多青年文化人介绍工作、寻找出路，扩大了新闻战士队伍。

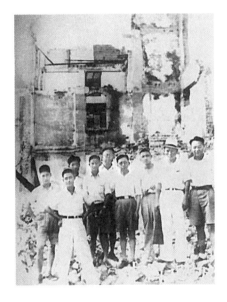

1940年5月，日本飞机轰炸重庆，"青记"在张家花园的办事处被炸毁，范长江（右二）与同事们在废墟上的留影。

"青记"干事冯英子在《在武汉的日子》里回忆了"青记"发挥"团结广大青年记者"和"扩大新闻战士队伍"的作用。

　　中国抗击日本法西斯的战争得到了全世界的关注。世界主要国家的通讯社、报纸都派了记者前来采访。如美国合众社的爱泼斯坦、英国《曼彻斯特卫报》的史沫特莱、苏联塔斯社的罗果夫、法国《人道报》的黎蒙、澳洲海瑞德通讯社的华伦、日本作家鹿地亘、马来西亚《现代日报》记者曾圣提、新加坡《星中日报》记者黄薇等。

鹿地亘，日本作家。

鹿地亘著《抗战日记》

黄薇，时任新加坡
《星中日报》记者。

黄薇著《回到抗战中的祖国》

这些外国记者和作家，绝大多数都是中国人民的朋友，同情中国人民的抗战事业。"青记"对他们在武汉以及前线的活动都给予了力所能及的帮助和关心，同时，"青记"选编部分国内记者的战地报道，提供给他们作为新闻素材。他们中间的许多人士，也经常和"青记"会员一起，结伴前往前线采访。其中，东南亚国家的部分华侨记者还主动加入了"青记"。

1937 年底，《南洋商报》《星洲日报》等 10 余家侨报的 15 名记者联合组织"南洋华侨战地记者通讯团"。图为记者们合影。

美国合众社记者爱泼斯坦采访台儿庄时的笔记本

美国合众社记者爱泼斯坦抗战报道《人民之战》

这是1938年5月27日《新华日报》社欢迎从徐州前线返回武汉的记者合影，摄于汉口普海春菜馆。

前排就座者（右起，按次序排列）：

范长江（时任《大公报》采访主任）、顾廷鹏（时任《良友画报》摄影记者）、陆诒（时任《新华日报》编委、采访主任）、高元礼（时任《大公报》记者）、黄薇（女）（时任《星洲日报》记者）、骆德露（时任华侨战地记者服务团）、周海萍（时任《武汉日报》记者）、蔡学余（时任泰国华侨报纸记者）、胡守愚（时任《星洲日报》记者）。

1938年5月27日，《新华日报》在汉口普海春大酒店举行酒会，欢迎从徐州前线胜利归来的记者，并组织合影。这是"青记"在汉口成立之后的又一次团体力量大集结。在这张珍贵的历史照片上，不同党派、中央与地方、国内与国外的战地记者形成了大联合。

"记者之家"为南来北往的记者们提供了一处暂避风雨的温馨家园。许多人都曾以文字记录过"记者之家"的工作与生活，颇多意趣。

回家——陆诒

从前方，睡稻草，睡门板，满身虱子，乱七八糟的这样归来，回来后也许不一定找到一个安身之所。旅馆吗？咱们住不起，至少不能"长期抵抗"；宿舍吗？不一定每个报馆都有，况且还有许多外埠来的同业们。现在好了，有了记者宿舍，不仅仅是睡得比门板稻草要蛮一些，而且这里有集体的生活，集体的工作，集体的学习！期望会友们来住的更多，期望在全中国各处都有美满的"记者之家"——记者宿舍。

我的家——胡兰畦

澎湃的溯流冲破了我的小家，抗敌的血河泛起了自由的浪花。这浪花是鲜红的，是灿烂的。每朵浪花的下面，都隐藏着我的新家！

呪……哼……哼……

记者之家；服务团之家；在伟大的战场上，还有那数不清说不尽的快乐之家。

呪……哼……哼……

现在我正在记者之家。

"笔杆"军的"后方"——炎

前线战事吃紧，"笔杆"部队不断地向前方开去，但也不断地退回后方。

说也可怜，"笔杆"部队所退回的地方，并不是他自己的后方，而好像是一个过境的客军一样，没有充分的补给，也没有慰藉，有时甚至找不到适当的归宿。今天在东处，在"地板"上"下寨"，明天在西处，就"书桌"来"扎营"。有的要向"旅馆""村庄"借宿，又要当心敌人的"飞机"和"坦克"的夜袭，弄得精神不宁，大大地减少了战斗力。

现在，"笔杆"军有了自己的后方了。这里可以补给，可以休息。安适而巩固，敌人的"飞机"、"坦克"是绝难奇袭的。这后方便是"记者之家"。

（注："飞机"与"坦克"是指蚊子和臭虫。）

爱它也得离开它——耐秋

在民族复兴的血战里，我们是生息在沙场上的。千万的居民，失去了他们的房屋，我们流浪的记者，哪有家呢？有的。这就是能让我们暂时安居一日、两日的汉口记者寄宿舍。这里有年长的哥哥，新来的弟弟，统统在一个伟大的企图之母亲的策动下活动着！

我爱着记者之家呵！正因为爱它，然而职务叫我不断出发前方，所以我还得迅速地离开它！

赋"记者之家"——俊闻

战争给许多人带来了苦难，而给予我们的却是许多亲切的友谊。

也有人从椰子飘香的南国来，也有人从黄沙漠漠的塞外来，晚会中各人谈起自己的稀奇的遭遇。

我们集体地创作着一本瑰丽的史诗，犹如培植一朵灿烂的花一样。

——我们将来将把它献给新中国的乐园里。

是吗？来去匆匆的朋友们！

谒"记者之家"——徐盈

又走到记者之家，

记者之家生意兴隆，容光焕发。

碧星① 闪烁于上，宝湖② 堤决于下，

药眠③ 大师使用法宝蒲拉托④。

乃见——

高天⑤ 共长江⑥ 一色，

有绿椅⑦ 一架正向西出发！

（注：① 陈碧星。② 石宝瑚笔名石燕，此时正患腹泻。③ 黄药眠，④ 补药名。⑤ 高天，⑥ 范长江，⑦ 陆诒。）

"青记"会员高天在《记者之家》中写了一首诗：

千万颗心结成一颗心，

这颗雄心爆发着反抗的火花，

千百万句话汇成一句话，

为了事业、祖国的自由，

工作直到最后一刹！

匆匆会面，又匆匆分手，

到处听到热情的招呼，

到处建立起"记者之家"。

四　一刊一社　奠定"青记"历史地位

"青记"成立后，编辑出版了机关刊物《新闻记者》，打造"青记"的理论阵地；在武汉会战后期，"青记"又组建国际新闻社（以下简称"国新社"），打破了国民党的新闻封锁，向全世界发出了中国坚定抗战的真实声音。

（一）《新闻记者》打造"青记"的理论阵地

《新闻记者》在中国青年新闻记者学会成立大会上创刊，16开本、总共出版了两卷20期。这本刊物团结和鼓舞"青记"会员，深入讨论新闻政策和业务，积极发表对国家大事的看法和意见。

《新闻记者》月刊是"青记"的机关刊物。在武汉出版了七期，在长沙出版了第8期，辗转到桂林出版了第9—10两期合刊。虽然办刊条件一期比一期艰难，但内容却一期比一期充实。

现存的"青记"总会会刊《新闻记者》内容体现了两个不变的主题：对抗战形势的报道和新闻研究。

《新闻记者》曾经开辟"游击队"专栏，专门报道共产党的游击

刊期	特辑主题	刊期	特辑主题
第一卷 第2期	抗战建国 问题特辑	第一卷 第9—10期	战地新闻 政策特辑
第一卷 第3期	欢迎世界学生 代表团特辑	第二卷 第3—5期	战地报纸 问题特辑
第一卷 第4期	战地工作特辑	第二卷 第4期	战地新闻 事业特辑
第一卷 第5期	探访工作特辑	第二卷 第5期	新闻事业 介绍特辑
第一卷 第6—7期	战地新闻 工作特辑	第二卷 第6—7期	东亚新闻 事业特辑

《新闻记者》上的不同专题报道

战争。《新闻记者》中的消息如《敌机二十一架葬身武汉》、《上海报贩焚毁日寇宣传品》以及"欢迎世界学生代表团特辑"等,都是对抗战的宣传报道,具有鼓舞士气和号召战斗的作用。

其中,另外一些文章如《论新闻采访与报道》《怎样写空战报道》《怎样处理新闻》等是对新闻业务进行的研究,还有一些如《西南的新闻事业》《广西的新闻事业》《澳门的新闻事业》等是对我国新闻事业进行的早期研究。从这些分析可以看出,其会刊《新闻记者》总体上也贯彻和执行了"青记"宣言中体现出来的指导思想。

重庆时期的《新闻记者》多受到国民党的干涉和压制,几乎无法付印。出版的寥寥几期对国民党当局打压进步新闻事业、逮捕记者的行径进行了揭露和严厉的声讨。

《新闻记者》第一卷第 2 期

《新闻记者》1938 年 12
月 10 日第一卷第 9—10 期《本
刊为廿八年元旦号征文》

《新闻记者》创刊号扉页
目录

《新闻记者》第一卷 6—7
期合刊封面

《新闻记者》1938 年 6 月 1 日
第一卷第 3 期目录

《新闻记者》1938 年 7 月
1 日第一卷第 4 期目录

《新闻记者》1941 年 3 月
16 日第二卷第 10 期

"青记"的会报

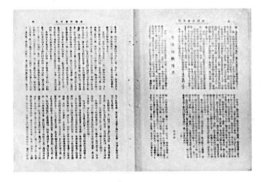

《新闻记者》关于新闻事业研究的文章《香
港的新闻界》

《新闻记者》关于新闻业务的文章《怎样
做一个战地通讯员?》

1938 年出版的《新闻记
者》创刊号

（二）"青记"组建国际新闻社

"青记"组建国际新闻社，打破了国民党的新闻封锁，向世界全面、客观地宣传了中国人民坚定的抗日意志，尤其是共产党领导的人民军队在敌后战场上的英勇斗争，同时无情地揭露了"两面派""投降派"的丑恶嘴脸。

在武汉会战的后期，范长江辞去《大公报》的职务，积极筹备组织"国新社"。"国新社"以中国青年新闻记者学会的骨干为基础，采

抗战时期"国新社"桂林总社，位于桂林市环湖路 20 号。现竖立着一座纪念碑。

1938 年，陈同生（中）、范长江（左）和胡兰畦（右）在汉口研究组建"国新社"事宜。

"国新社"创办人之一胡愈之　　　　1938 年，"国新社"总编辑黄药眠

1940 年，范长江（左二）与"国新社"记
者高咏、王淮冰、彭世桢在桂林合影

取合作社形式运作。

1938 年 10 月 20 日，"国新社"到长沙建社发稿，供国民党中央宣传部国际宣传处采用。后迁桂林，成为全国性通讯社，正式对国内外发稿，宣传团结抗战。

"国新社"的稿件主要包括新闻通讯和时事专论。主要供稿对象是国内报刊和海外华侨报刊，当时有上百家国内报刊、数十家海外侨办报纸采用"国新社"的稿件。就这样，"青记"会员负责前往全国各大战场采写稿件，"国新社"负责联系国内外各大媒体供应稿件的格局逐渐形成。在国统区新闻界，"国新社"打破了国民党中央社的新闻封锁，向全世界发出了中国全新的声音。

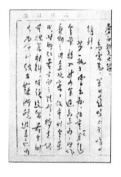

1939 年 1 月，"青记"候补干事邵宗汉给国民党中央宣传部国际宣传处曾虚白的信

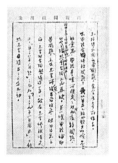

国民党中央宣传部国际宣传处与"国新社"的工作协定

从 1938 年 10 月成立到 1947 年 5 月完全停止发稿,"国新社"存在将近 10 年,在国统区的合法存在时间只有三年多一点。

在桂林和重庆,"青记"和"国新社"是在一个办公场所,凡是"青记"的办事处都是"国新社"的办事处。

 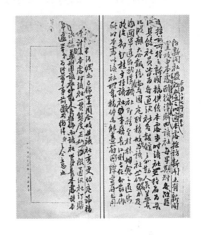

"国新社"桂林总社记者写作的 10 篇稿件目录

"国新社"在桂林召开的第九次工作会议记录

1939 年初,"国新社"部分人员春游时的合影

"青记"在桂林举办的"战时新闻短期训练班"毕业照

　　"国新社"打破了国民党的新闻封锁，向全世界宣传了中国人民的抗日战争。正是因为有了"国新社"，"青记"会员的稿件才能够最大限度发挥其宣传抗战和鼓舞军民坚持抗战的作用，为中华民族争取民族独立的战争吹响号角，鞭策中国军队在抗日战场上奋勇前进。

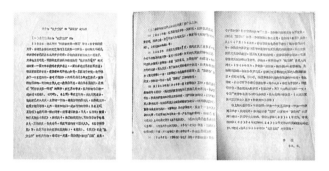

赵悔深撰写的《我参加"北方左联"和"国新社"的始末》

　　1982 年在京部分"国新社"老同志合影。前排左起：刘尊棋、吴磊伯、石西民、连贯、陈翰笙、胡愈之、黄药眠、张友渔、沈谱、骆耕谟；二排左起：于友、季音、周迅、张楚琨、孙殿卿、萨空了、陈楚、卢豫东、徐迈进、张先畴、田方、姚国华、吴大琨、王纪元、林珊；三排左起：裴默农、牛波、计惜英、张文佑、谢德印、傅白芦、高天、郑森禹、张明养、黎澍、杨承芳。

"国新社"向国民党国际宣传委
员会发出的《办理登记事宜的问询函》
（原件存于中国第二历史档案馆）

五　薪火相传　"青记"旗帜永远飘扬

1941 年 4 月 28 日，因为坚持自由、进步的立场，"青记"被国民党当局查封取缔。铁肩担道义、妙手著文章。"青记"前后虽然只存在了 3 年多时间，却在中国人民抗日战争的历史上谱写了一曲辉煌

的新闻之歌，在中国新闻史上树立了巍巍丰碑。

（一）"青记"在全国的分布与规模

"青记"从上海创立时的20多名会员到1938年底发展到五六百人，到1940年11月10日统计已有1156人，最多时达2000多人，在全国建立了49个分会（包括解放区和国统区），还有通讯处、办事处、采访队30多个。

在沦陷区，上海分会、徐州分会、武汉分会、南昌分会、长沙分会、衡阳分会、邵阳分会、广州分会、粤北分会，成为插入日寇心脏的一把把锋锐的新闻尖刀。在国统区，重庆分会、成都分会、内江分会、宜宾分会、桂林分会、昆明分会、贵阳分会，成为集聚抗日青年

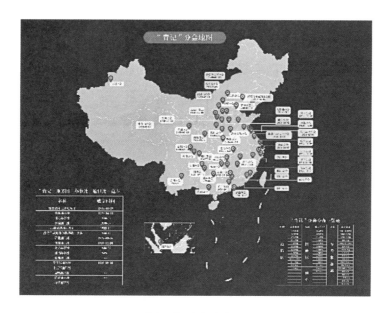

"青记"分会分布图

晋察冀边区分会

香港分会

延安分会

晋绥分会

新闻抗战的标杆。在敌后根据地，八路军延安分会、太行山区分会、吕梁山区分会、冀中分会、晋察冀边区分会、晋西分会、中条山分会、山东分会、江南分会，活跃在敌人的最前方，成为"纸笔抗战"的一支劲旅。

1941 年 1 月，皖南事变爆发后，"青记"活动开始受到严密监视与压制；4 月 28 日，"青记"重庆总会、国统区的分会和"国新社"被迫停止活动。

在"青记"被禁止活动以后，在广大的敌后根据地，在太行、在吕梁、在延安、在盐阜地区，"青记"的活动仍在继续进行。在海外比如说香港，"青记"的活动也在继续。

"青记"会员名单

陆 诒	范长江	孟秋江	冯英子	邵宗汉	曹觉民	何剑魂
陈适怀	赵敏求	沈 舟	勾适生	张本隆	方 殷	徐 盈
顾廷鹏	俞创硕	庄启东	徐迈进	张西洛	韩清涛	刘竹舟
田玉振	李 朋	黎圣伦	杨令德	李育中	倪贻荪	章苍萍
汪堤菩	陈拔群	黎觉奔	高唯一	钱兴亚	刘尊棋	张兆林
邹趣涛	许立人	茅雪芹	黎树苍	彭世桢	张尔华	霍梦华
梅可华	罗文超	向贤初	曹弃疾	阳致文	傅于琛	王济美
严亮畴	邵植成	邵允文	黄思明	邓与九	陈范可	冯若斯
刘国梁	陈纯粹	王文彬	潘德枫	李廷瑛	肖国煊	沈善铉
李宜培	梅 英	吴天霞	张炳富	闻化鱼	戴 天	白德甫
先锡嘉	田慧如	郑永康	周迈前	柴圭如	阎云溪	刘启光
高 天	方锦华	杨元明	于炳南	江炽昌	罗宛平	杨 抑
章 红	叶文津	孟紫萍	杜健英	金德章	赵炳娘	周勉之
向 前	张赫兹	郭 枫	陈 晃	邝达芳	陈安石	李 梨
石宝瑚	刘迭克	谭天萍	杜桴声	唐征久	孙蕴实	张 善
陈碧星	骆何民	陈树甸	林 林	龙炎川	廖沫沙	高 灏
翁从六	张文光	袁去非	李雨峰	方士人	李丕才	张仲衡
黎 峰	戴广德	冯诗云	蒋慕岳	肖炳焜	张先型	王秉丞
马腾九	霍云芳	赵志敏	冷然熙	刘曜琳	唐 诗	王绍武
余伯华	朱楚辛	白炯辉	严怪愚	黄 丹	张赞升	谢加因
高 汾	莫宝坚	谷斯范	周 铎	陈国材	张十方	夏 衍

邱溪映	谢善才	恽逸群	韩 鸣	沈宗琳	樊大畏	李宗美
王德明	关洁民	丛德滋	于 千	方 濂	张慎微	赵贤杰
亓 一	黄中坚	徐明远	卫汉光	钟建鼎	周 萌	邝华嘉
安嘉模	陈宪章	林 冰	郑敬平	翁耘夫	王×父	陈量伯
黄襄华	张漾兮	衷若霞	张元尘	梁 嘉	范加强	龙贤关
段复生	要崇德	孙珍茹	白 原	丘 琴	江裕昌	林 玲
李凤展	赵从容	朱 棠	章浩若	陈星野	李 铨	王 皓
尚 然	王千秋	孙家骏	张问强	郑森禹	熊识尘	古子坚
杜 渐	徐怀沙	苏任予	王云志	曹益鸣	姜沛南	钟思锟
刘刃慈	姚俊闻	徐治平	白 克	胡静如	张 翘	康 瓠
王治斌	张血侠	罗作阶	王 黎	杨静久	陆灵犀	林永雄
邹杰夫	马 宁	邓友民	魏惠和	李 清	傅晓县	黄 文
白 丁	赵树礼	葛 洛	甘 琴	姚苏凤	田培芳	张照南
冯乃章	杨 潮	欧 查	马炳德	罗启维	曾 克	游元亮
朱君昌	江绍业	李 均	杨人鸿	黄业建	周钢鸣	周肇瑚
黄善继	白 浪	宋益清	岳 烽	吕敬事	胡卓英	林涛啸
郑一峰	李初梨	马小云	孙冀春	李 洁	林 茸	王 伦
戴 功	谢 丰	崔 克	吴其敏	王启煦	程宗宣	钱庆燕
谢一公	沈颂芳	张剑梅	陈秀椽	勾小波	于黑丁	刘克俊
刘索怀	龚敬威	力 刚	陈正飞	任 坚	符 浩	高济仓
何寓础	李晏清	刘一鸥	陈楚桥	梁若尘	乔冠华	林惠川
刘 虚	王 巨	阴一刚	曾和清	孟 云	余 飞	解彭年
纪 得	魏克明	陈纯仁	任永年	陈梦因	乔 麦	黄 梵

林　间	胡仲持	王甘良	樊　康	罗　平	聂秉钧	尹克谦
艾小丁	黄琪敏	夏　江	汪　铿	张维冷	许　谨	李松筠
李岳云	王　春	鲍力生	刘列夫	王家新	黄伯飞	许山雨
沈光曾	赵毅敏	贺　曦	颜世庚	翁　跋	张　扬	徐　英
唐　行	周化南	徐　风	冯亦代	郭步陶	邱倩萍	陈芦获
乔穗清	吴中一	林式汉	姚　平	朱　通	张了旦	刘渊如
朱彦林	王一燕	王崇光	司徒穗卿	董立言	黄仁宇	张履之
王安仁	何　畏	方　新	梁绳波	许君远	邵维新	刘炳世
王仁安	雷　波	任致远	曾　非	沙　波	向　军	曾　克
洪兆钺	宋　瑜	徐林白	毛子明	唐碧川	郭今之	计惜英
王　麦	王任叔	邝　礼	陈蕴华	石　林	于　友	蓝子宏
方白非	田世超	杨立达	高元礼	张孝纯	骆德露	杜文思
王耕宇	钟伯梅	黄　流	莫　原	叶前干	朱亚杰	李南江
李幻如	宋　平	张　蓓	吴全衡	岂　纳	光　军	任　毅
金　铎	高一帆	赵悔深	罗忑士	王皎我	田际康	林　珊
朱照生	梅　雨	邬维梓	杨鸿轩	景昌之	朱曼华	赵石宾
江　霞	吴　侬	费竞骧	陈联骅	冯　牧	梁延武	周近山
郭星符	徐咸寿	叶　频	史　轮	黎　光	向叔保	王礼易
刘克刚	刘休兰	李柱南	丁　拓	黄景荷	冯雪樵	王达非
林松柏	杨亚宁	张壮飞	候佩璜	卢木川	王惠尼	周　延
朱　暨	朱富刚	李叔豪	潘落霞	潘仁昌	安冰筠	丁　玲
王向立	葛　洛	张志渊	王绿茵	巫利珍	卢　苇	章维多
卫　锦	王少桐	黎　蒙	叶乃坚	朱夏圃	球一民	周志维

魏友菲	雁　林	萧右乾	高也彭	周木斋	刘人寿	刘彦槐
苏爱吾	黄至凌	华　玲	赵家欣	万镇维	丘东平	田　涛
李半坡	罗淑范	李可才	安　林	陈迪明	谭思文	胡泉亭
亚　苏	张克勤	雷　加	卢奇勋	李　波	刘　火	王　玄
罗　林	陆　耕	傅恒书	苏　节	陈在龙	常宪章	黄　明
陈仲武	潘蕙田	宋绿伊	杨季生	社思诚	陈翰柏	员宪千
朱亚凡	吴碧澄	汪仲律	欧　根	徐怨宇	叶志平	陈依非
陈北鸥	赵乃康	谢　迟	王洁帆	张榜来	罗吟圃	刘大炎
程其恒	吴亮平	冯　骥	丁浩川	陈戈丁	陈　毅	任大卫
刘大年	张秀中	李嘉生	陈　芒	林霭民	胡汉辉	陈之艺
黄自德	薛　程	胡道静	何小平	黄季方	高　杰	张永泰
马寒冰	杜　疑	伍长青	王枕东	薛子玉	李茂森	叶　勉
欧阳咸宁	季步飞	郭季明	干玉梅		陈大造	张路丁
陈志为	林焕平	陈子玉	萧　平	叶　拉	孙剑冰	李　英
丁哲民	宋尔廉	陈　力	戴　富	季玉堂	朱子杰	胡　好
郑　锵	钱　重	何启才	吴鲁戈	刘祖澄	莫维安	沈　沉
王华灼	谢友兰	蔡中心	汪　洋	胡翰之	王肇棰	王壁岑
高一轻	裴　仁	吴大琨	郑　英	王钟英	宇　飞	郭弼昌
梁纯夫	黎伯挺	周培克	张高峰	刘　光	吴　滨	牛　山
于文榜	吴　雪	胡小丁	周之挺	蔡　健	林肖侠	王树标
范剑涯	刘惠之	徐明诚	万经文	关眉如	何济翔	宗　群
蔡述文	甘汝棠	夏征农	李哲愚	谢挺宇	张剑心	董江横
何　云	刘备耕	李竹如	秦春风	窦英哲	张　鱼	李石头

崔冠青	靳仙洲	林　火	牧　军	茅俞一	荣一衣	方　新
李　庄	卫一惠	陈克寒	徐　冰	陆　光	汪　仑	杨隆誉
范式之	伏笑雨	陈子玉	吴克坚	谢藏求	朱世纶	石西民
郑　重	戈　茅	黄铸大	章汉夫	姚庭宾	许涤新	闵　廉
易吉光	苏　予	林一波	叶　萍	王清兰	刘　剑	杨居敬
刘正才	徐师梁	马克仁	王少军	樊士恩	王　左	高咏青
黄　吉	任　重	汪止豪	宗祺仁	李筱峰	曾一之	宗有干
程再行	艾　明	熊克励	王克浪	胡生静	颜友松	陈锡徐
敖振民	唐文曼	潘甘力	浦熙修	舒宗侨	钟期森	程晓华
许升阶	张狄刚	秋　远	流　漠	王敏昭	沙　凡	王君复
柳　风	那　沙	周　游	胡迦彤	李成仁	曹耀先	何　用
裔　扬	王成钦	马冰山	胡秋萍	雷　烨	程文津	石光明
黑　玲	梁羽人	顾　敏	张斐军	杨　明	吴力永	王建华
丁　东	卢公鸣	于　民	赵伯坚	郁　文	余崇文	傅　江
程海舟	吴树琴	郑太初	宋贤臣	左仲平	刘正力	阮迪民
薛文波	张　锐	曹建文	丁守光	韩丕墉	曲子祥	金钢堡
陈雉翔	王飞鸣	励杰夫	陈恩成	陈平白	云宝诚	李凌飞
梁擎天	王河天	杨西光	金秀峰	叶亚大	邵挺军	刘　漠
钟志君	毛大风	刘升平	阳和森	范慕韩	邢荷田	韦　苇
汪　洋	郭麟瑞	周　熙	陈小波	罗　汉	崔炳琨	曲咏善
赵加均	陈秉琳	黄一修	马　皓	李葆华	罗伯平	陈公昭
刘桐华	许道生	陈汉章	杨华栋	岑继英	郭从周	董新依
张赫听	万良才	韦特孚	陈　达	任冰如	陈仲民	商学礼

李世森	陈 凡	吴志鸿	穆 欣	傅东岱	黄卓民	范世勤
黎 明	李 洪	刘孟痴	徐 涛	巫俊元	沈基汉	李昭实
陶襄州	陶劲和	樊思斋	张亚威	金默生	张静烈	林 尹
傅立民	田曼青	张怒号	李增荣	石玉淦	李文炳	马 怀
李耕野	张楚琨	漆镜吾	刘 益	李冰人	桂中民	吴学云
黄 薇	熊明煊	曾廷献	驰 兮	刘 明	范元甄	罗 高
李文良	秦华雏	陈泽然	骆望秋	陈紫秋	吴 熹	骆根青
朱金楼	立 波	叶耐冰	何鼎新	白 薇	将 莱	杨汇川
雷 诺	苗培时	云 畴	张致中	刘志云	马 义	汪 琦
庄 栋	王 揖	张映吾	张晋寿	黄 源	庄琳苏	陆 波
苏东风	韩 庸	张之乙	黄挺敦	李思怡	江 朝	孙凌云
张力平	史 坚	裴东筒	张 海	烘 流	金曼辉	张 戎
黑 凌	柯 蓝	林 蓝	洪 流	田 零	史 凌	吴 劳
高 鲁	李肯子	魏 晋	岳维翰	白 萍	陆 曼	肖 英
蒋次山	陈 峰	张仲纯	泰 芙	邓友星	史 婴	向仲华
林 阳	路 平	张子春	方树民	梁希哲	何圭人	胡 征
日 野	林祖禧	李泗美	安 适	吕 光	鹿 野	胡兰畦
王伣千	彭子冈	吴 敏	戈宝权	洪 涛	杨景尧	李国正
赵 纯	张渭淮	林 杉	杜 克	刘光焱	曹 玮	白志驰
余平茗	刘致和	姜国杰	张企程	张 谔	方 绥	杨慧琳
王春江	李惠元	王世垣	毕朔望	刘迹周	王 洁	王永贤
朱彝帆	高云览	蔡学徐	杜加新	刁琼图	朱理君	王克毅
彭玉鸣	谭 吐	江 农	肖稚苓	李竹铭	彭为和	向雷峰

王哲镜	徐　林	廖光华	刘承慧	甘佩文	周亚光	李次平
黄是云	罗芸荪	彭为果	王断鸿	文启蛰	陈静波	刘影三
陆康贤	丁子玉	鲍　夫	杨镰	姚天珍	常　镜	王世杰
金仲华	吴　曦	马仲贤	贾幼源	刘　云	张一苹	余子庄
张登明	刘雪涛	漆鲁鱼	臧剑秋	罗淑贞	何　量	林　鲲
杨　钺	伍焕嵩	李志光	刘斯达	汪轲言	李丙辰	廖友陶
杨建北	李大可	李绍中	李纯青	周亚君	杜绍西	林　平
于　克	刘金明	林　鹏	赵枫山	许　可	胡广思	何继善
叶　坚	叶启芳	张子燮	田盛春	赵俊远	张希和	莫　思
杨　曼	谢趣生	谭华富	沈杰飞	陈　龙	彭其年	毛畅熙
蓝　渤	王芸夫	史乃展	吴素侬	陈楚云	吴希圣	郭广汉
赵星洲	张宗文	张佐华	温智仁	潘　朗	王亚平	萧向荣
张　潮	雷　烽	朱介子	习从真	贺绿混	何　克	叶　群
姚茂泉	贾纳夫	蔡　磊	刘日波	夏后坡	李友林	李育才
高季琳	江茂大	周野南	吴之帆	陆邱泉	邱　塈	巫怀毅
张履谦	熊　复	刘　俨	王敬先	陈　楚	张大有	傅雨亭
王辛波	姜定侠	梁应任	朱进业	叶广良	李少穆	朱庆洽
丁冬放	朱净桂	许飞清	莫　循	刘北斗	田润之	郭　鲁
康　吾	苏上华	梁式文	陈　畸	胡志明	林　啸	朱秋农
马若璞	张季平	吕少春	张　琦	古×浦	唐　海	黄炳国
邓均吾	王民风	谢摩门	朱　明	曼　兮	李汉杰	韩乐然
马洛书	狄顺林	唐会昌	董正科	李愈胜	麦　穗	苏　廉
叶奋飞	李维翰	石　林	胡友之	柳角风	刘定一	程式光

万 鹏	史 俊	邓仲槐	林日贞	龙实秀	胡雨林	李毅然
李维新	谢公望	戴湘云	陈忆延	郑凌苍	陈民先	蔡衣渠
赵其文	胡慈特	莫 艾	曾圣提	孙久青	鄷中铁	庄 为
孙季白	郝寥夫	黄曼达	畅友梅	于毅夫	黄菊圃	刘思慕
张 清	李希进	宋 克	钟石韦	李 风	王 忍	徐 萍

 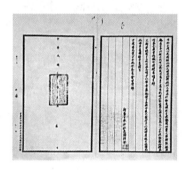

这是 1941 年重庆《新华日报》为发行受阻呈请当局依法保护的文件（复制件），原件现藏于中国第二历史档案馆。

（二）中国记协传承"青记"精神

1987 年，经全国新闻学界开会论证，认定 1957 年成立的中华全国新闻工作者协会的前身就是中国青年新闻记者学会。2000 年，国务院批复中国记协的请示，同意将"中国记者节"定为"青记"成立日期 11 月 8 日。

国务院于 2000 年 8 月 1 日批复同意将"青记"成立日期"11 月 8 日"确定为记者节。

《新闻知识》2000 年第 12 期发文庆祝中国第一个记者节

位于北京市东城区珠市口东大街 7 号的新闻大厦，中华全国新闻工作者协会办公楼。

2017 年 11 月 8 日，庆祝中国记协成立 80 周年大会暨第 27 届中国新闻奖颁奖报告会在北京举行。

习近平致中国记协成立80周年的贺信

值此中国记协成立80周年之际，我代表党中央，向你们表示热烈的祝贺！向全国广大新闻舆论工作者致以诚挚的问候！

长期以来，中国记协加强新闻队伍建设，拓展对外新闻交流，引领广大新闻工作者积极宣传党的主张，深入反映群众呼声，唱响主旋律，传播正能量，为我们党团结带领人民不断取得革命、建设、改革伟大胜利凝聚了强大舆论力量、营造了良好舆论氛围。

在新时代，希望中国记协深入学习贯彻党的十九大精神，牢记党的新闻舆论工作职责使命，深化改革，开拓创新，保持和增强政治性、先进性、群众性，更好把广大新闻工作者凝聚起来，真正建设成为"记者之家"。希望广大新闻工作者坚定"四个自信"，保持人民情怀，记录伟大时代，讲好中国故事，传播中国声音，唱响奋进凯歌，凝聚民族力量，为实现"两个一百年"奋斗目标、实现中华民族伟大复兴的中国梦不断作出新的更大的贡献！

习近平
2017年11月8日

2018 年 3 月 30 日，武汉新闻工作者协会、武汉广播电视台联合召开"纪念中国青年新闻记者学会第一次全国代表大会八十周年座谈会"。

习近平致中国记协成立 80 周年的贺信

六　党的领导　中国新闻事业不断发展壮大

新闻舆论在中国发展大局中具有举足轻重的地位和作用。回顾我党的历史，在革命、建设和改革开放各个时期，党中央都高度重视对新闻工作的领导，始终强调党委主要负责人亲自抓舆论工作，领导干部关注重要的媒体工作。

80 年来，中国的新闻队伍发生了翻天覆地的变化，不断发展壮大。旧中国，山河破碎，民生凋敝，真正能专注于新闻事业的人为数甚少，中国青年新闻记者学会时期的会员，最多时也不过 2000 余人。而今天，全国的新闻从业人员已达百万，其中采编人员已近 30 万人。新闻队伍中不仅有经过革命和建设实践长期考验的老一辈新闻工作者，有范长江、邹韬奋、穆青等一批永载史册的新闻大家，更有改革开放后不断涌现出来的一代接一代优秀新闻工作者。

新闻记者在工作中

1998 年记者在抗洪抢险前线采访

2003 年"非典"时期，在一线采访的新闻记者

2008 年记者在汶川地震灾区采访

2020 年新冠肺炎疫情期间，在一线采访的记者

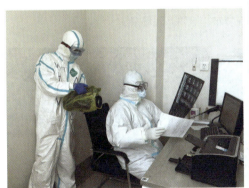

2020 年新冠肺炎疫情期间，在一线采访的记者

武汉广电记者在城市排除渍水现场采访

听民声传民意解民忧 评行风议行风正行 全国兴起的"电视问政"节目发端于武汉
风，武汉"行风连线"节目开播 15 周年

结　语

"手无寸铁兵百万，力举千钧纸一张"。80 年前创办的中国青年新闻记者学会，用健笔捍卫国家民族尊严，用青春书写辉煌历史，在现代中国新闻史上留存了一段刻骨铭心、永不锈蚀的鎏金光影。

"青记"精神就是坚定浓烈的爱国主义、舍生取义的英雄主义、团结合作的集体主义以及百折不挠、精益求精的职业精神。

坚持正确政治方向，做政治坚定的新闻工作者；

坚持正确舆论导向，做引领时代的新闻工作者；

坚持正确新闻志向，做业务精湛的新闻工作者；

坚持正确工作取向，做作风优良的新闻工作者。

（2016 年 11 月 7 日，习近平总书记在会见中华全国
新闻工作者协会第九届理事会全体代表和中国新闻奖、
长江韬奋奖获奖者代表并发表重要讲话摘录）

贰｜史海钩沉

以笔为枪，以文征战。拂去历史的尘埃，烽火硝烟中一段新闻集结号，在中国人民抗日战争史上谱写了一曲辉煌的新闻之歌，在中国新闻史上树立了巍巍丰碑。

中国青年新闻记者学会史

王大龙

2018 年 7 月 7 日是中国人民抗日战争全面爆发 81 周年纪念日，在这样一个日子里，我首先想到的是中国记协的前身——在抗战中浴火涅槃的中国青年新闻记者学会。中国青年新闻记者学会 1937 年 11 月 8 日成立于上海，几天后因上海沦陷，撤退到武汉。1938 年 3 月 30 日"青记"在武汉召开了第一次全国代表大会，至今整整 80 年了。从 2000 年开始，经国务院批准，将中国青年新闻记者学会的成立日——11 月 8 日确定为中国记者节纪念日。由此可见，中国青年新闻记者学会在抗日战争中的贡献是被历史铭记的。

一、上海：诞生在"八一三"的炮火中

早在中国青年新闻记者学会成立前，青年记者恽逸群、袁霄逸、陆诒就是"青记"前身——上海记者座谈会的谋划者。

当时国难当头，内忧外患，新闻界却十分腐败，不少记者以稿谋私，以稿敲诈。比如有钱人、有地位的人发生了作奸犯科、大小老婆

争风打架、闹离婚、分财产等见不得人的事，记者、编辑得知后，就写出揭发稿件，然后去暗通关节："我这有篇关于你的稿件，我们准备发表，你看怎样？"当事人自然要息事宁人，赶紧送上支票或钞票，取回稿件，避免曝光。"有偿不新闻"的交易，使几家大报的记者、编辑富起来了，有的有了小轿车，有的有了小洋楼。记者们忙着"捞外快"，报纸稿件质量低下，版面编排粗俗，充满了官样文章。造谣诬蔑的消息在小报上铺天盖地，电影明星阮玲玉就是被一批造谣记者逼死的。数以百计的小报，版面上充斥着"风流艳史"、"闺阁秘闻"等专栏，乌七八糟，下流低俗，毒害读者。为数不少的报社老板道德沦丧，见利忘义，让广告充满版面，进步、真实的新闻难见报端。

1932 年冬天，青年记者恽逸群、袁霄逸、陆诒等几个人在上海霞飞路俄国菜馆的一个单间里聚会，为新闻业务难以提高而苦闷，为新闻界腐败而痛心，于是他们决定定期举办青年记者座谈会，探讨新闻学术，分析编采优劣，议论天下大事，针砭时弊，指点江山。他们要联合起来，改造新闻界，拿出新闻记者的良心来，把新闻界从黑暗的泥淖中拯救出来！

座谈会吸引了不少正直的记者，杨潮、朱明、邵宗汉是座上常客，而后，夏衍、范长江、石西民也来参加。范长江带来了红军长征到陕北的消息，他讲述的延安见闻更使大家非常兴奋。

青年记者座谈，谈过就算，影响不大。恽逸群和一些人研究后，决定在报纸上办一个专刊，就叫《记者座谈》。由恽逸群、陆诒、刘祖澄负责编辑，在《大美晚报》上每周三刊出。恽逸群写了许多文章刊登在专刊上。他要求新闻记者树立"富贵不能淫，威武不能屈"的道德精神，把新闻事业从黑暗的泥淖中拯救出来。他在《良心与天职》一文中写道：

> 新闻记者的责任是要做民众的喉舌，民众的耳目。这是最基本的知识，大概没有人会认为不当吧？我希望每一个记者，自己凭着良心问一问，能不能内省不疚。一切良心未泯的同业们，我们应和无耻抗争，就是万不得已而不能讲良心上要讲的话，记载亲见的事实，最低限度我们终可以不照着、跟着无耻的人们散布谣传吧。

1935年上海联华影业公司拍摄了一部名为《新女性》的影片，片中描写几个新闻记者平日在社会上吃白食、看白戏、跳白舞，还向一位电影明星敲诈勒索，因未得逞，就在报上造谣中伤，逼死了这位明星。影片上映后，在社会上引起强烈反响，新闻界也是激起轩然大波。国民党控制的记者工会的负责人召开会议，认为这部电影是对新闻界的诬蔑，要求禁演该片，"以维护新闻记者名声"。记者座谈会针锋相对，青年记者们认为揭发新闻界败类，是一件大好事，事实上败类远不止一两个，腐败堕落的现象比电影描写得更严重，新闻界不努力清除自己的败类，反而不让别人揭发、批判，岂不令人耻笑。恽逸群在《记者座谈》上发表总结性文章《检讨风纪是我们今后经常的任务》。文中要求全国和社会各方一致地严密注意新闻界的风纪问题，并且尽可能搜集风纪问题的事实材料。此文敲响了新闻记者操守和风纪的警钟，在社会各界和新闻界起到了振聋发聩的作用。

1935年"五一"节当天，上海两家最大的报纸《申报》和《新闻报》在本埠新闻版头条位置刊出一条"本报讯"的消息，标题是："今日五一劳动节纪念/市总工会举行盛大纪念/市教育会开始识字运动"。消息后有这样一段话："本埠爱多亚路广西路东顺兴公司特将精制铜床铁床，定于今明二天一律照最近原价减半贱售，优待各界籍申庆祝云。"这是报馆老板精心炮制的"有偿新闻"。恽逸群对这种出卖报格的行为愤怒至极，他觉得这是对新闻道德的明目张胆的践踏，对读者厚颜无耻的欺骗。他在《记者座谈》专刊上发表文章，题目是《广告与新闻道德》，文中说："在新闻纸没有离开商品化的范畴之前，自然不能摆脱广告的羁绊。但是不幸得很，我们竟不断发现许多巨幅广告，加上了各种不同的外套，使人家不容易看出它是广告，它的影响可就不小，爱护新闻事业前途的人们实在不能再漠视啊！"他还揭露了"广告副刊"的捞钱方法。某家报纸经常不断刊出"医药副刊"，版面上不是袁医生主编的《花柳病立学刊》，就是屠医生主编的《社会医刊》，或是杨医生主编的《花柳病常识》，是报馆为读者普及医学常识吗？根本不是，实际是这些医生用编副刊的形式为自己和药厂做广告，每期副刊要向报馆交付广告费200元。读者们受了欺骗，以为他们是医药科学知识的副刊，报馆就这样把读者对报纸的信任，贱价卖给了任何愿意付广告费的人。恽逸群愤慨地写道："从新闻纸的立场讲，一个报纸企业者终不能完全不顾自己的信誉而一味从广告费上着眼，他们要不要负道德上的责任的问题，愿关心新闻事业的人们加以注意。"

恽逸群、陆诒、袁霄逸均是中国青年新闻记者协会的创始人，当年他们勇敢地与新闻界的各种不道德的丑陋现象作斗争，揭发、批判有偿新闻、广告新闻、变卖副刊等种种践踏新闻职业道德的行为，为我们树立了榜样。80 年后的今天，这些丑陋现象死灰复燃，且变化多端，我们要继承先驱的精神和斗志，弘扬他们所提倡的新闻道德，彻底铲除新闻界的丑恶现象。

1937 年，"上海记者座谈会"的主要参与者为了积极推进中国新闻事业的发展，感到有进一步组织起来的必要。在一次记者座谈会上，恽逸群提出"参加记者座谈的人数终究有限，如能把全国更多的进步记者团结起来，汇成一股巨大的力量，对推动抗日和民主进步事业，必能起到更大的作用"。

1937 年"七七"事变卢沟桥的一声炮响，中国人民抗日战争爆发。许多青年记者立即奔赴华北和西北战场，采访战时新闻。平、津相继沦陷以后，日军又在"八一三"大举进攻上海，华东告急。上海新闻界同仁为积极推进新闻战线的抗敌斗争，为民族解放而努力，深深感到有进一步组织起来的必要。在这些活动中，许多热血的青年记者参与其中，积极贡献智慧，努力发挥作用。1937 年 7 月中旬，周恩来代表中共中央到上海检查党的工作，在会见胡愈之、夏衍等人时，指示加强爱国新闻工作者的团结，组成统一战线。胡愈之、夏衍等同一些新闻界人士商讨后，认为应该在上海组织一个新闻工作者的团体。

在中国共产党和周恩来同志的直接关心下，1937 年 11 月 4 日下午，新闻界范长江、羊枣（即杨潮烈士）、夏衍、碧泉、邵宗汉、朱明、恽逸群等在一起商量，决定组织一个永久性的团体，商定这个团体的名字为"中国青年新闻记者协会",并推举范长江、恽逸群、羊枣三人负责筹备工作,发起人中还有《大公报》记者王文彬、章丹枫、孟秋江、陆诒等[1]。

1937年11月8日晚7时,在上海山西路南京饭店举行了"中国青年新闻记者协会"的成立大会,通过了协会的章程。作为协会发起人的夏衍、范长江、碧泉、恽逸群、章丹枫、王文彬等15人出席参加。作为发起人的《大公报》记者陆诒、孟秋江因在山西战地采访,未能到会。在成立大会上,推举范长江、羊枣、碧泉、恽逸群、朱明等5人为总干事,夏衍、邵宗汉等人为候补干事,这时有会员20多人。会议认真讨论了战事的发展趋势,因国民政府的中心已西移到武汉,有必要在武汉成立"中国青年新闻记者协会"武汉分会。会议授权范长江筹备武汉分会[2]。

从此,"青记"会员们始终紧握自己锋利的武器——笔,忠于职守,战斗在推动抗战捍卫祖国的新闻岗位上。在敌人残酷的轰炸摧残之下,大后方的记者,克服着异常困难的物质技术条件,始终奋斗不懈。在战区,英勇无畏的"青记"会员冒着枪林弹雨,不畏艰险在前线采访,更有无数记者随军深入敌后,或只身化妆深入敌占城市,编辑出版报纸,宣传抗日,坚定了敌占区广大群众胜利的信心。

青年记者纷纷奔赴前线,争当引以为豪的战地记者。卢沟桥事变时,"青记"理事陆诒首先进入宛平城。在八年抗战中,陆诒约有四年在战地奔波采访。他足不停步,手不辍笔,亲临现场采访,成为一名出没于枪林弹雨的战地记者,写下了众多记录战争的篇章,如《傅作义热泪盈眶》《马兰村访萧克》《朱老总胸有成竹》《周恩来派我见陈诚、访叶挺》等；战地纪实《娘子关激战》《踏进台儿庄》《热河失陷目击记》等。

南口战役时，"青记"干事孟秋江亲临南口山上，与最前线战士共生死，写出了《南口迂回线上》的动人文章。保定战争时，战地记者方大曾为了写《永定河上游的战争》一文，冒险北进。后保定失守，方逃至蠡线，仍向后方来信说："仍当继续北上，以达成最初的决定。"这位可爱的新闻战士最后失踪[3]。大公报记者邱溪映报道了平型关大战。女记者胡兰畦报道了上海保卫战，写出了《大战东林寺》一文，表现了守军坚强的战斗精神。南京会战中，最后退出南京的记者萧韩渠牺牲了。徐州会战中，全国三四十个记者布满了以台儿庄为中心的战场，厦门《星光日报》记者赵家欣，暹罗《华侨日报》记者蔡学余，新加坡《星中日报》记者黄薇，华侨记者团纪志文、庄明崇、龙炎川等，菲律宾华侨记者等组成记者团，活跃在泰山、运河之间的战场上。徐州突围时，数十位记者经百般艰难，分头突出重围，回到武汉。中央社记者刘尊棋、范世勤始终坚持在淮河流域和大别山之间，不离岗位一步。新华日报记者陈克寒遍历山西战场，考察了晋察冀边区，写成轰动一时的《晋察冀边区模范根据地》小册子，这本书大大坚定了民众抗战的信心。九江战役中，菲律宾华侨商报记者张幼庭被炸死在江中，新华社日报记者陆诒坚持在湘鄂赣山区，真实报道艰苦奋战的将士们。《新华日报》记者李密林、潘美年、陆从道在撤退中，被敌机炸沉乘船，以身殉职。《鄂北日报》的胡绳、楚云，《新华日报·华北版》的何云、陈克寒，战斗在敌后。

1937年，徐盈作为《大公报》战地记者，转战山东、山西、陕西,在五台山八路军总部随军一段时间,采访了朱德、任弼时,撰写了《朱德将军在前线》《战地总动员》的通讯,并写了《抗战中的西北》一书。

1939年,天津《益世报》的青年记者刘益与冯诗云、任冰如、陈曼兮、穆家骏、江慕岳组成"青记"西北战地服务团同去中条山,在西北战场上起了非凡的作用。值得惋惜的是,陈曼兮女士在黄河边病逝。

无数可歌可泣的新闻战士和感人事迹记录在此只能是挂一漏万。这些足可以证明,新闻工作者英勇地踏上了民族解放的战场,无私地为伟大的抗日战争奉献自己的全部力量。他们的作品朴实无华、真切翔实并且具有感染力,极大地鼓舞了军民斗志,也为中华民族的反侵略战争留下了一个个生动感人的镜头和一页页珍贵的史料[4]。

二、武汉:爱国记者的凝聚地

《大公报》对范长江的工作安排,是在战地采访,后来范长江向《大公报》总编辑张季鸾提出到汉口版工作,同时兼顾"青记"的工作。张季鸾考虑到范长江长期做战地记者,他的采访才华已充分展现,《大公报》已出过他撰写的通讯《中国的西北角》《塞上行》两本专集,便同意让他回汉口分馆,再熟悉一下编辑工作,这样对他今后在新闻事业上的发展,是大有裨益的。

范长江回到《大公报》汉口分馆后,白天编辑稿件,业余时间在《大公报》的宿舍里,接待各地青年记者和进步人士,筹划"青记"

汉口分会成立事宜。协会由上海转到汉口后，于 1938 年 3 月 15 日改名为"中国青年新闻记者学会"。

1938 年 3 月 30 日下午 2 时，"中国青年新闻记者学会"在汉口青年会二楼礼堂召开第一次全国代表大会。出席会议的除上海、武汉两地外，还有长沙、广州、西安、成都、重庆、福建、香港、南洋的会员代表。参加此次会议的有中外来宾近百人，国民党中央宣传部部长邵力子、监察院院长于右任，文化界人士郭沫若、潘梓年、杜重远、沈钧儒、阎宝航等作为来宾出席，《大公报》总编辑张季鸾、编辑主任王芸生也作为来宾到会祝贺，表示全力支持"青记"的工作。国际友人也来参加这次盛会，其中有苏联塔斯社的罗果夫、美国合众社的爱泼斯坦和美国记者史沫特莱。会上，先由主席团范长江致开幕词并报告筹备经过。第二项是军政长官致辞，监察院院长于右任讲话，于老很谦虚，说自己是一个新闻记者，以同行之谊来道贺的。他说，过去当新闻记者叫作"无冕之王"，现在不小心就会变成无头之鬼。

会议中还发生了一个小插曲：国民党军委会第三厅来了一个姓白的浑小子，非常自大，说新组织未向该厅备案，是不合法的，于是在发言中引起一场舌战。主持者马上把印好的会刊《新闻记者》在会场上散发，上面有影印的国民党中央宣传部部长邵力子批予备案的文件，给这个姓白的浑小子出乎意料的打击。范长江在致谢词中还击了那个家伙。他说："抗战时期一个爱国记者的言论自由，一个爱国记者的团体的自由，今天是一项重要的考验。我们依法向中央宣传部备案，又蒙各方领袖人士参加，军事委员会政治部首长亲临指导，可是因未向什么厅去请求批准，仍被评为不合法。有人还在破坏人民最低限度的言论、集会、结社的自由。"他的话博得全场掌声，把那个姓白的小子气得脸青面黑，垂头丧气[5]。

大会通过了《中国青年新闻记者学会成立宣言》，选举了领导机构——常务理事会。范长江、钟期森、徐迈进当选为常务理事。在常务理事之下，设秘书一名，由朱明担任，负责处理日常事务，并设总务、组织、学术三个组，作为工作机构。陆诒等 10 余人为理事，范长江等 3 人为常务理事。为了团结一切可以团结的力量，扩大友军，取得社会的同情和支持，以达到促进抗战宣传的目的，"青记"又聘请《大公报》的张季鸾、王芸生等 15 人为名誉理事。

当选理事的还有陈农菲同志，他是不久前从狱中出来的大革命时期的老红军，不仅善于执笔写文章，还能带兵打仗、英勇杀敌。克农同志对农菲说："农菲，你还有一个比别的同志更有利的条件，要好好利用，这是花了代价换来的。"

"我看了你的判决书，上面有'被告坚不承认有加入共产党之事实……'严刑逼供你未承认，以后任何时候，只要工作需要，你可以继续搞你的'不承认主义'，利用你原有的社会地位、社会关系，在敌人内部去进行工作，这便是你的有利条件。承认了是共产党的同志，国民党通报各地，又有照片，又有指纹，再要隐蔽起来，就困难多了。"

出狱不久，在田汉同志家中，陈农菲见到了范长江同志，第一次见面谈得很畅快。范长江很坦率地告诉农菲，"八一"起义后，自己也参加了贺叶南征部队。谈到把新闻工作从业人员团结起来的问题，长江特别起劲，发表了自己的见解。他们有许多看法是一致的。长江的谈话似乎倾囊倾箧一般，毫无保留，给人以非常爽朗的印象。他们第一次见面，就像结交很深的老朋友一般。当时似乎一切困难都不在眼下，什么都有办法，精力十分充沛。这一次见面，他们不仅建立了深厚的友谊，而且为新闻战线的许多朋友打下了共同前进的基础。

党的领导要农菲先参加《全民抗战》杂志的编辑工作，后来决定派他参加"中国青年新闻记者学会"的筹备工作。国民党军委会成立了政治部，周恩来同志担任了政治部的领导，组织上决定让一批党员进去。当时政治部有一个秘书处，三个厅。第一厅和第二厅分别被人们讥为"客厅"和"饭厅"。郭沫若任第三厅厅长，第三厅以共产党员、救国会会员为最多。第三厅虽说自由很小，但还是领导了十多个抗敌话剧队、宣传队、电影放映队。第三厅成立以后，曾在几个小时内组织了武汉三镇几万人的水陆大游行。对于宣传抗战，团结群众，鼓舞前方士气，瓦解敌军，第三厅是做了一些工作的。可是国民党非常不满意，他们说第三厅是"跳舞厅"，并用各种方法来破坏第三厅的工作。

政治部成立不久，蒋介石就演了一次召见的丑剧。农菲因忝列校官，也在召见之列。按照规定，口袋里不准装任何东西，钢笔、笔记本均在清除之列，只准在裤袋里放一条手帕。进到会客室，便有人来检查一番，实际上是"抄身"，并说明进出要行 90 度的鞠躬礼。从下午二点等到四点，农菲被引进去，蒋坐在一张大写字台后，伸伸手，表示请坐。蒋看了一看面前的表册，问了一句话："民国十六年当过上校，现在怎么是少校咧？"

农菲答："我是为了抗战来的。"

蒋喉咙里"呛！呛！"两声，侧面一个副官模样的人说："接见毕！"

回来的时候，农菲和几个同志议论了一番对蒋介石的印象。有的人说："这个人五十几岁了，脸上油幌幌的，不知搽了什么。"有的人说："一句话也不说，光望望你，'呛！呛！'两声也不知道是什么意思。"有的人说："这家伙玩这一套，对我们有啥用？"有人问农菲，农菲说："过去我认为他是一个代表封建阶级的地痞与代表城市资产阶级的流氓的混血儿。现在我改变了，此人'精神感召'并无可取，比起稍有功夫的戏子来说，他还差远了，恐怕最蹩脚的演员也比他有前途得多了。"

国民党反动派对这个团体是非常头痛的，"青记"团结了他们的中央社、《中央日报》《扫荡报》中一些爱国进步的新闻工作者一道进行斗争。为了正确地报道战时前线的、敌后的以及大后方的真实情况，记者学会一部分骨干又筹备了"国际新闻社"。农菲去香港治病回来，长江同志和好些记者学会的同志认为开展工作需要一名专职人员，希望农菲辞去香港《星岛日报》战地记者的职务，到新闻记者学会去工作。农菲请示党的领导："《星岛日报》已经向坏的方面发展，留在那里除了每月有 250 元港币的收入外，没有其他意义。"党同意了农菲的意见。

陈农菲同志接受理事会委托，常驻华商街济世总里 21 号会所办公，那只是一间 20 来平方米的小房间，华商街是汉口比较冷落的一条街，济世总里这条弄堂却很大，但也很肃静。"青记"就在这里摆开阵势，团结青年记者，组织青年记者走上前线，深入敌后，为中华民族的自由和解放，为争取抗战的最后胜利而努力工作。

三、成长在抗日战争的烽火中

记者学会成立之后，出版了《新闻记者》月刊，16 开本每月一刊，通过这本机关刊物，团结和鼓舞会员，讨论新闻政策，发表对国事的意见。《新闻记者》的创刊号，就是召集当时在武汉的各方面代表人士，举行国事座谈会，通过大家发表意见，坚定了抗战的决心，反击了投降派的活动。第 1 期《新闻记者》的封面上刊登了一幅各方面代表人物的签名，声势浩大，在当时起了很大的作用。

范长江在《新闻记者》上写了不少文章，在一篇叫作《建立新闻记者的正确作风》中，他特别指出："有了健全高尚的人格，才可以配做新闻记者。新闻记者应当是社会所敬重的人物，如果在人格上有了根本的缺点，就不能算作新闻记者。"他认为："作为一个新闻记者，一是必须绝对忠实，必须以最客观之态度，从事新闻工作；二是必须生活与自己正当收入的工作中，绝不拿任何方面的一个铜板的津贴。"这两句话后来成为"青记"会员们共同的信条和守则，许多人受到极大的教育，在后来的几十年新闻工作道路中，一直拿它当作座右铭。

《新闻记者》由范长江任主编，从第 2 期开始，实际由朱楚辛做具体工作，冯英子帮助看看稿子，写写文章。《新闻记者》顽强地在武汉出版了七期，在长沙出版了第 8 期，辗转到桂林出版了第 9—10 两期合刊。虽条件一期比一期艰难，但内容却一期比一期充实。

在那个乱纷纷的武汉，并不是没有事可做，反倒是有许多事可做。10 月 19 日是鲁迅逝世的纪念日，由记者学会发起，假座青年会举行了纪念会。那天，国民党的大小官吏，正忙着办他们个人的大事：搬行李，送家眷，一个也未来，所以只有这一次会议没有两脚动物来打官腔，可说是清一色的左派大会，真做到了化悲痛为力量，不是哭丧着脸在纪念我们新文化的先驱者，而是畅谈如何学习鲁迅对内外敌人英勇奋战的精神。在武汉，只要听说周恩来同志来讲演，屋子里一定是挤得满满的，周围还站满了人。青年会的地方很偏，这一次开会，公共汽车没有了，黄包车也没有了，全靠两条腿走路。可是武昌、汉口和汉阳的朋友都准时来到。那天，周恩来同志讲话没有讲稿，也没有提纲。他先说："鲁迅姓周，我们都是绍兴人。我来参加纪念会，不是因为同姓同乡，而是因为他是我们共同战斗的同志，他是中国新文化运动的旗手，也是为中国人民求独立自由、谋幸福的闯将……"周恩来同志的讲话，给大家留下深刻的印象。他的话深刻地影响了每一个人，特别是对于青年记者更有教育意义。后来，有人建议，学会的会员之间，不应当称"先生"，或"Mister"，而应该称"同志"。

当年的9月1日记者节，记者学会在武汉最大的西餐馆普海香礼堂举行了大会。会刊发了，是一期争取抗战言论自由、反对新闻检查的专刊，这是记者学会与国民党反共顽固派的第二次交锋。顽固派以武汉警备司令部政治部主任胡某为首，还有中央社、《扫荡报》的一些记者做应声虫，加上几个很反动的外国记者为他们撑腰。记者学会方面，在武汉的会员几乎到齐了，由于我们在前线工作，颇得一部分主张坚持抗战的军事将领的支持，也得到了各方的好评。许多从前线甚至敌后回来的记者，都谈到战地国民党军政人员的腐败无能。闻敌军进攻，不知抵抗，只知道逃跑投敌，可是镇压人民却很有本事。

会场上的斗争与武汉的天气一样白热化了，那位警备司令部的胡某正在讲话，被大家来了一个反"围剿"。他还故作镇静地问司仪："这个发言人是哪家报馆的？叫什么名字？"当然这也是他的工作，但丝毫不能掩饰他的窘态。在武汉这样的大辩论会是很少见的，足足开了四个小时。范长江代表记者学会理事会作了最后的发言，很有分量，也很有鼓动性。这次会后，加入记者学会的敌后新闻工作者越来越多了。国民党反对派对我们的嫉恨、嫉妒也越来越深了。记者学会并不满足眼前的胜利，他们知道这一潭死水没有大批翻江倒海的英雄共同努力不会变成奔放的巨流，他们也知道更严重的斗争还在前面。此次论争巩固和扩大了新闻界的抗日民族统一战线。

"青记"一开始就注意增强新闻界的团结。为了帮助前方将士解决精神粮食，在武汉保卫战前夕，"青记"还设立了"战地报纸供应部"，把《新华日报》《大公报》《武汉日报》等报纸送往前线。每次开招待会、报告会，或者欢迎会友从前线归来，总是尽可能把各报记者一齐请来，消除各报记者之间的隔阂，增强新闻界的团结！

比如1938年5月27日，《新华日报》领导博古、吴玉章、张汉夫、吴克坚、凯丰同志和社长潘梓年招待从徐州突围归来的陆诒同志时，把其他各报参加突围的记者和武汉新闻界的领导人都邀去参加。当时有新加坡《星洲日报》的胡守愚和黄薇，《大公报》的高元礼，《扫荡报》的张剑心，《救亡日报》的陈北鸥，中央社的石家驹等10多家报纸的记者。席间，《新华日报》的董事长王明向各报领导和记者祝酒致谢，感谢本报记者陆诒得到同业的支持和帮助。在抗战中这种精神十分可贵，值得发扬。范长江同志也抓住这个机会，大讲青年记者团结的重要性。

黄薇同志回忆了这段经历：

> 战地记者团20多个记者中，只有我一个女的，为了行动方便，也为了在前线不被人一眼看出我是一个女性，出发前我把头发剪短，把衣裙换成军装，变成了一个"小兵"。到徐州后和范长江、陆诒等记者会合，还有塔斯社记者罗果夫等外国记者，当时还是上校的史迪威也在那里。第二天新闻记者在云龙山公园开会，成立了中国青年新闻记者学会五战区分会。这些来自五湖四海的青年记者很快相识了，共同的抗日救国志愿使我们形成了一个团结友爱的战斗集体。

总会又建立了"记者之家"，临时在汉口长春里租了几间房子，接待从前线回来的战地记者，大家在一起写稿子、译电码、发电报，取长补短，互相合作。长春里原是一个妓院，进进出出的流氓小偷很多，但"记者之家"却如中流砥柱，丝毫不染。陆诒、高天、徐盈、胡兰畦、胡耐秋等同志都光顾过这里。在长沙、重庆等地都有过"记者之家"。

"青记"的经费主要靠自力更生。范长江同志自徐州突围回到武汉之后，一连花了几个晚上，把当时各报记者所写的通讯和参加突围战斗的军政人员的亲身经历和见闻40多篇，还有一些木刻作家和摄影记者的作品，搜集起来，汇编成《徐州突围》一书，售给生活书店，取得稿费 400 元。这就是"青记"第一笔巨额收入。八路军驻武汉办事处经济上也很困难，但为了支持"青记"，一下子捐了 200 元，因为用单位名称出面不好，就用毛泽东先生、周恩来先生、叶剑英先生等十个负责人捐赠多少的办法，在《新闻记者》上登出启示。1938 年 12 月开始，军委会政治部每月补助 1000 元，后来减为 500 元，再以后就不给了。

秋天，武汉战事吃紧，范长江决定总会仍留在汉口，重庆设立"青记"驻渝通讯处。陈农菲回想当时从武汉撤退，为了搞船票费了九牛二虎之力。著名教育家陶行知先生，那时也正愁没法走，陈农菲送他一张船票，他万分感慨地说："你们记者学会的朋友真有办法，你们不但为抗日报道、战地文化服务作了不少工作。你们对于救亡朋友的关怀也是令人感激不忘的。"

四、长　沙

武汉失守，陈农菲和范长江退到了长沙。1938 年 10 月 20 日，胡愈之、范长江等积极筹备的国际新闻社在长沙正式成立。

范长江是"国新社"的社长。"国新社"在长沙成立后不久，因长沙大火，与"青记"一起迁往桂林。

谷斯范回忆与范长江一起在"国新社"工作时的情况时说："每次长江从前线采访归来，社里便像过节似的热闹一番。我们迫不及待地听他分析当前军事、政治形势，抗战派和投降派的斗争，各种内幕消息和沿途见闻。听说长江回来了，跑外勤的大高和小高就来打听消息，有时还参加我们的晚会。长江跟《广西日报》《扫荡报》等头头都有不浅的交情，他回到桂林，新闻界的来客络绎不绝。"

1939年初，长沙大火前，陈农菲突然发高烧，幸亏胡兰畦同志帮助搭上了撤退国民党军官眷属的汽车，离开了长沙。他的车离开长沙不远，长沙已是一片火光。

长沙大火后，中国青年新闻记者学会退到了桂林，并在桂林设立了南方办事处，陈农菲任主任。

五、桂　林

桂林是一个美丽的城市，以山水甲天下著称。"青记"到了桂林，这座城市里较好的房屋，特别是靠近山洞的已被国民党南撤机关挤满了。经过不小的周折，"青记"才分租到三间房子作会址。对这里的名山胜景，大家也没有工夫去欣赏。这里的工作多得很，简直忙不过来。不久，范长江、胡愈之、孟秋江、邵宗汉等都来了。范长江对夏衍说，"青记"一定要做一点实际工作，办一个通讯社，可以发挥"青记"在各地会员的力量，"青记"在延安和晋冀鲁豫都有会员，可以通过这个通讯社向国际宣传处供稿，向国内和香港、仰光等地150多家海外报刊供应稿件，提供战地通讯，冲破国民党的新闻封锁，把解放区和国统区的真实信息发往香港、南洋和海外的侨报，为争取团结抗战、民主进步尽一点力量。

范长江的想法已经酝酿了很久，在武汉时就经过章汉夫请示过周恩来同志，周恩来表示赞成和欣赏。范长江的意见很快得到八路军驻桂林办事处主任李克农同志的支持，经范长江、胡愈之、张铁生、陈农菲等人的反复讨论，确定了两条基本原则：1.政治上坚持抗战，反对投降，坚持团结，反对分裂，坚持进步，反对倒退；2.范长江和主要负责同志都以爱国民主人士的身份和国民党、民主党派、桂系联系，争取公开合法。

范长江说，我们自己组织起来办通讯社，能舒展自己的力量，不受制于人，这是开创自己事业的好机会[6]。

"国际新闻社"于1938年11月在桂林正式发稿，"青记"的各地分会也就成了"国新社"的各地分社。这是继中国青年新闻工作者学会成立之后，中国新闻历史上又一个有着重要意义的日子。因为"国新社"是在国民党统治区内，由中国共产党领导的通讯社。"青记"是一个统一战线的群众团体，"国新社"则是一个革命新闻事业机关。

"国新社"有一百多名社员，很多是文化界的知名人士，负责总社的胡愈之、范长江、黄药眠等本身就是写作能手。通讯员从一百多发展到三百多，基本队伍是"青记"的会员。

"国新社"租了几间房子开始正式发稿。参加中外记者视察延安的老报人张西洛回忆：

我们记录的毛泽东的谈话，由刘尊棋执笔、耿坚白和我补充，共同整理出一份完整的记录，给范长江主持的重庆国际新闻社寄去一份。后来我们看见，延安的《新中华报》在10月6日以《毛泽东同志与中央社记者刘先生、扫荡报记者耿先生、新民报记者张先生的谈话》为题，把这篇重要谈话登在第一版上，占了整整一个版面。各抗日根据地的报刊，都刊登了这篇重要谈话。重庆《新华日报》是 10 月 19 日刊登的，国际新闻社发到海外的毛泽东谈话记录稿，中国香港、新加坡及南洋的华侨报纸，都在显著地位刊登。果然，中央社、《扫荡报》、《新民报》一字未提及毛泽东会见三记者的事。

　　毛泽东会见三记者的谈话在重庆《新华日报》发表时，还配发了毛泽东的一张照片。当天，《谈话》就引起了社会各界的重视，国民党内部极度惊慌并引起轩然大波。蒋介石看见了当天的这张报纸，大发脾气，骂新闻检查官是饭桶，责令检查失职官员的责任。

　　那时，《救亡日报》也迁移到了桂林出版。《新华日报》在桂林成立了办事处，发行航空版。第三厅的一部分同志也到了桂林，八路军办事处公开正式成立。周恩来、李克农、徐特立等同志都先后到桂林。桂林成为长沙大火以后一段时期的政治文化中心。这时正是党的扩大的六中全会后，毛泽东同志继《论持久战》，又发表了《论新阶段》。"青记"组织了许多人学习，其中包括新闻工作以外的文化界人士在内。

　　此时范长江同志已经离开了《大公报》，专力于"国新社"和记者学会的工作。这是他自己和许多同志的意见。大家认为进步的记者留在《大公报》对团结抗战的事业作用不大，反而增加了《大公报》欺骗群众的作用。到桂林后，广西的地方实力派想拉范长江等同志去《广西日报》，大家研究后，认为他们内部矛盾甚多，他们的争夺已经由暗斗转为明争。国民党中央系统的特务正在收买、利用某些广西人为他们做事。考虑以不卷入他们"内斗"的旋涡为宜。"青记"对广西地方当局表示，愿意帮助他们搞好广西的新闻事业，愿意帮助他们培养青年新闻从业人员。

由于国民党限制发动群众、组织群众，给日寇收买的汉奸以极大的便利条件。当时救亡界的朋友们都说："没有抗日报纸的地方，就是汉奸制造谣言的温床。"

林浩同志曾回忆南方办事处的往事：

"青记"的南方办事处在桂林环湖北路19号，我在"青记"的工作主要是负责来往的书信，我曾经给很多进步作家写过信，还帮助过一些人。有一件事印象挺深，就是收到萧红的信，是从湖南的一个小地方写来的，信中说她实在是困难得没办法了。我感到非常惊奇，我早就看过萧红的书，知道她是一个知名青年女作家，是萧军的爱人。那时我赶快拿出自己的钱，寄了5块钱去，后来她还来信感谢。我还记得巴金也去过我们那里。他带着深度的近视眼镜，说着我听不大懂的四川话。很多进步的作家都把"青记"南方办事处当成他们自己的地方。一些宣传救亡的演剧团，更是经常来来往往。他们没有地方住的时候，就来找我们。有时我还把自己的床让出来给他们睡觉。还有一些人到桂林之前钱已花完了，我还要给他们路费。陈农菲每个月给我30元钱，在那时是相当多的。因为"青记"南方办事处经常只有我和陈农菲两个人，我们一直在"国新社"搭伙吃饭，每月交伙食费。一起吃饭的还有范长江、孟秋江……虽然生活很艰苦，但是大家总是高高兴兴的。我们难得开一次荤，吃萝卜烧牛肉的时候锅里没几块肉。开饭的时候大家一起"开矿"，看谁的运气好，能从一大堆萝卜里挖出一块肉来。陈农菲还让我给《越南日报》当特约记者。我根本不知道新闻稿怎么写，但是人家的聘书来了。陈农菲对我很严格，但是从来不当众批评，我要是做得不对，他就看着我。到这种时候，我就知道该仔细反省了。陈农菲老是有各种各样的事情要出去办[7]。

冯英子回忆他在桂林的时光时说：

范长江做战地记者时，有什么军长得了奖，什么师长升了级，他都打电报去祝贺他们。后来他离开《大公报》，创办"国际新闻社"后，也是如此，所以"国新社"的记者，在部队中也非常吃得开。不过国民党是怕听"国际"两字的，有一年我到第五战区的游击区去采访，请宜昌的长江上游江防司令部给我写几封给游击队的介绍信，他们都把"国际新闻社"写成"世界新闻社"，他们认为这样一改，"国际"就不存在了，好笑得很……

太平洋事变之后，香港沦陷了，我这时正在桂林，紧张得很，后来听说范长江和夏衍、金仲华一起突围出来了，我高兴得很。那时有个上海人叫陶桂林，在江东岸造了不少房子，我马上租下两间，打算夏衍和金仲华住一间，范长江夫妇住一间，不料后来金仲华住到环湖酒店去，夏衍住到张云乔家中去了，两间房子都留给了范长江。我那年本来打算到王造时那里去的，不料，走到莱阳，严怪愚把我拉到了衡阳，这时又从衡阳回到桂林，每天赖在范长江家里，更不想走了。范长江知道这情形之后，有一天大谈战争形势，他认为敌人很可能截断我们的粤汉路，倘然粤汉路断了，吉安是东南抗日的中心，去那里办好一张报纸，大有必要，怎么可以因为听说王造时小气而不去呢？我听了他的劝告，过几天就到江西去了。

范长江是当年青年新闻记者学会和国际新闻社的中心人物，许多年轻朋友，不管什么争论，他一言立决，叫你到什么地方去，就到什么地方去，但这些都是他待朋友热情带来的结果。他在《大公报》时，每个月一百三十元工资，但听说这个朋友有困难，马上寄去二十元；那个朋友有困难，马上寄去十五元。

广西当局觉得自己办的报纸不能令人满意，新闻人才太少。经过不到两个星期的筹备，"青记"的"战时新闻训练班"开学了。这件事，使国民党当局很不愉快，他们用种种方法破坏，还派了特务混进训练班当学生，以便刺探记者学会、"国新社"的内幕。其实这里面并没有什么内幕，在这些组织里，中共党员只有几个人，若按照党籍论，国民党的人数无疑是有压倒优势的。"青记"的"记者之家"只有三句口号：

集体生活！

集体学习！

集体工作！

陈农菲同志主持举办了战时新闻工作讲习班，学员是公开招收的，因为是业余学习性质，又不限文化程度，所以报名的人很多，其中多是在职青年和在校学生，也有一些失业青年，大多是中学程度，也有大学肄业和毕业的。开学时，约有学员 80 人，课堂是临时向一所市区小学借的，利用该校的教学间隙，在晚间上课。

"战新班"教学内容主要是新闻工作，从采访到编辑、出版各方面的指示，并结合抗战形势和学习需要。上课教师有：范长江、孟秋江、钟期森、王文彬等。徐特立同志也来作过报告，徐老精神抖擞讲了三个小时。他的话朴实、具体、生动，对党的政策作了很精辟的阐述，连那些成见很深的国民党机关报纸的记者也认为"语语真实，字字感人"。1939 年 3 月初，陈农菲同志主持了毕业典礼。部分学员组织了一个战时新闻社，年底，成员先后离去。

"青记"内部是彻底民主化的，重大问题都由常务理事会作决定。后来总会迁往重庆，在桂林成立了南方办事处。由总会授权领导长江以南各省的工作。办事处只有一个主任、一个秘书、一个会计，两三个干事。生活待遇，从工友到主任一律二十元。在国民党秘查记者学会与"国新社"的活动的命令中，有这样的话：

"……该社网罗名报、名记者，放弃优厚待遇，建立合作社性质之通讯机构，别有用心，于此可见……"

"青记"各人已从有关方面获得消息，国民党特务头子戴笠、康泽都声言，要给记者学会、"国新社"一点颜色看。范长江同志等到东战场去，敌人即准备暗杀他们。1939 年的春天，记者们在桂林，几乎天天被日寇轰炸。汪精卫发出"艳电"，公然投降。在桂林的救亡团体发动的反汪锄奸运动也被国民党禁止了，气得一位老先生在

"乐群社"的礼堂里，大声疾呼：

"当汉奸的有自由，反汉奸的没自由，这是个什么世界！"

自武汉撤退后，日寇似乎知道"速胜"不能灭亡中国，改用"速和"来灭亡中国。中共主张抗战到底。这个底是要将敌人赶过鸭绿江。蒋介石代表国民党发表过多次文电。他说："抗战的目的在恢复七七卢沟桥事变之前的状态。"一般人不一定懂得这句话的背景是出卖整个东北、内蒙古与华北一部分给日寇。可是，东北的同胞，对蒋介石这个声明非常愤慨。他们说："这个，我们是死不承认的，东北永远不能变成第二个朝鲜。"日本帝国主义对蒋介石了解得很透彻。武汉撤退后，他们就通过德国大使陶德曼，表示愿意停战言和，并允还蒋介石武汉和南京，只是日本要在占领区保持驻兵权。汪精卫一贯认为："战要战垮，拖要拖垮，和是生路。"这位国民党的副总裁，专门唱"低调"，泄抗战之气，而蒋介石从无一语驳斥。汪与日德意勾结已是公开的秘密，也未受到国民党人公开与秘密的干涉。汪贼大摇大摆飞往河内（当时是法国的殖民地），发表了叛国投敌的通电，还不准人民反对，这一件事，使某些对国民党有幻想的人，头脑逐渐清醒起来了。

日寇在诱降时期，暂停了对国民党军队的进攻，只用飞机轰炸作为诱降的补充。桂林城西南角几乎被炸得片瓦无存。记者学会门前的环湖，也遭到了几次轰炸。有名的抗战歌曲的作曲家张曙同志，就牺牲在轰炸中。

抗日战争期间，广西桂林成为"大后方"，也成为国际反法西斯的文化聚集地，这里留下了许多国际名人的踪影。一些国际文化单位举办时事图片展览，以直观动人的图片，激励民众的抗战热情。来自世界各国正直的文艺家，把战争、艺术、生活融合起来，为消灭法西斯以笔代枪，创造出极富战斗性的文艺作品。这股强大的抗日洪流在桂林发展、壮大，使桂林成为国际反法西斯文化的一个阵地。

法国东方问题专家、著名记者李蒙夫妇与《泰晤士报》驻美国纽约记者窦丁先生，是第一批踏上中国大地的西方新闻战士。他们一到桂林，就受到当时在桂林的《新华日报》《救亡日报》《中央日报》《扫荡报》和中央通讯社等同行的热烈欢迎。广西大学文法学院邀请李蒙作《法国青年的苦闷与中国青年》的演讲，其夫人作《来华的目的和感想》的演讲，受到广大师生的欢迎，引起了强烈反响。

上海沦陷以后来到桂林的英国记者杰克，作了《日军占领下的上海》的报告，将日军蹂躏下的上海人民亡国奴般的生活进行了详细描述，内容催人泪下、催人奋战。

德国女记者王安娜，应邀参加在华日本人民反战同盟西南支部的招待会，在会上用流利的汉语倾吐了自己反战的心声："我有许多欧洲的朋友，也有许多中国、日本的朋友，希望大家共同为和平而努力，打倒破坏和平的法西斯分子。"

苏联国营电影制片厂摄影师、莫斯科《消息报》驻华特派记者卡尔曼来桂，《大公报》《救亡日报》《广西日报》等新闻单位的记者前往寓所采访，卡尔曼当即发表了对广西的观感和各特区的见闻：

"我知道，各位的欢迎，并不是欢迎我卡尔曼个人，而是欢迎反侵略的全苏联人民，欢迎全世界反侵略的人民。"他还告诉大家，"现在每个苏联人民，都在睁着他们两个眼睛，热切地来看中国的英雄奋斗，看日本法西斯在中国的残暴，看中国人民尤其是青年战斗员之如何在艰苦中反抗，他们一直要看到日本法西斯被中国消灭，中国获得胜利那天的狂欢"。

卡尔曼在桂林拍摄了新安旅行团及广西学生军第一团的训练和生活的新片，献给桂林人民和世界人民。

日本反战作家鹿地亘将他的所见所闻写成长篇报告文学，连载在《救亡日报》上。美国作家史沫特莱由重庆抵桂后，立刻就到了救亡日报社、国民公论社参观。她感慨说，广西是一个民主空气较为浓厚的地方，作家、编辑、文化人都集合在这里坚持斗争。她每次向桂林文化界和军民作报告时，当被青年问及目前最应该做的事情是什么时，她不假思索地回答：是当兵。

此后，美国《纽约时报》驻华特派员、著名戏剧评论家爱金生，日本的绿川英子等名人在桂林都写下了轰动一时的反战文章。

国民党在日寇的缓攻当中，便积极制造摩擦。在敌后利用那些土豪劣绅的反动武装和反共将军公然与八路军和新四军进行武装冲突。在大后方，则采取"先打救国会，以削弱中共之羽翼"，并在人民团体中暗杀共产党的同情分子，使人对中共望而生畏。

他们处心积虑，要将全国性群众团体一律"党化"，即置于国民党控制之下。

记者学会一向被他们视为眼中钉，他们从上面分化瓦解，达不到目的，便从下面来挖墙脚。首先是在长沙分会制造纠纷，接着衡阳分会也闹问题。当时桂林的印刷机关，都以人力不够为由，拒印"青记"的会刊。

为了处理分会的纠纷，也为了到衡阳去印会刊，总会决定让陈农菲去跑一趟。

陈农菲一到衡阳就去找分会的人，然而未遇着。徐慰同志请他带一封信给妈妈，徐慰同志的妈妈在衡阳乡下的伤兵医院工作。陈农菲将信送去后，走出医院不过两三百米，他的两手被两个人夹住了，还拿出手枪来："别嚷，走！"

走不多远，他们又将陈农菲推进汽车，开了十几分钟，又停下来了，他们将其身上的钱、钢笔、手枪、小本子、香烟、打火机全搜去了。其中一个人说："见了大老板，你就明白了！我们的康大老板还是你的贵同乡呢，总不会薄待你的。"

还说："我们还得赶路，沿途有吃有喝。只是你不讲话，哼也不许哼一声，我们会客客气气地对你。如果哼一声，那就别怪我们不客气了。"说着，拿出一副西洋手铐，一副脚镣给陈农菲看："这些家伙都是为你准备的。"

万幸的是陈农菲同志巧遇同学，得到营救，并在党的安排下，到了新四军挺进纵队，后来成为电影《东进序曲》中黄秉光的原型人物。

六、香　港

作为中国青年记者学会的海外部主任和香港分会的总务部主任，恽逸群多方联络海外各国华侨报纸的记者编辑，动员他们参加"青记"

在华侨中宣传抗日和进步思想。所有的海外"青记"会员到香港时，他都派人接待，为他们解决住宿问题。为了发展"青记"在香港的会务，他除了组织"青记"会员定期集会活动外，还以"青记"香港分会的名义，创办了香港第一所新闻学校——中国新闻学院。

抱着巩固和扩大抗日统一战线的目的，对国民党报刊的上层人物，恽逸群以友好的态度设法联络团结他们。他邀请国民党报刊的青年记者、编辑参加"青记"，邀请资深记者到中国新闻学院讲课。他还发起组织香港新闻界聚餐会，每两个星期举行一次，所有"左"、中、右立场的报纸都邀请参加，以联络感情，增进团结，创设共同抗战的氛围。

在大大小小的各种聚餐会和座谈会上，激荡着许多卓识谠论的言谈，新闻文化界人士胡愈之、茅盾、陶行知、邹韬奋、乔冠华、范长江、夏衍、陈农菲、斯诺、爱泼斯坦等，民主党派人士梁漱溟、沈钧儒、何香凝、黄炎培等，多次与会，各抒所见，求得共识。恽逸群以东道主的身份主持这些会议，为中国抗日民主进步事业推波助澜。

1941 年皖南事变后，"国新社"被国民党关闭了，但在抗日根据地和香港的分社依然存在。同志们安全转移到其他地方，革命的火种撒向四面八方，燃烧起熊熊的革命斗争的火焰。

1941 年 5 月，恽逸群、茅盾、邹韬奋、范长江、金仲华等九人联名发表了《我们对国事的态度和主张》的声明，要求坚持抗战，反对投降；坚持团结，反对分裂；坚持进步，反对倒退。这一声明除在港刊出外，还通过"国新社"，用中、英文发给海外华侨报纸和外国报纸，揭露了国民党的反动宣传[8]。1945 年抗战胜利。"国新社"在上海和香港等地恢复工作，继续为中华民族的解放、民主和自由而奋斗，直到 1949 年大陆解放。

中国青年新闻记者学会团结了国民党的中央社、《中央日报》《扫荡报》中的一些爱国进步的新闻工作者，以致国民党反动派对这个团体是非常头痛的。

皖南事变后，因为"青记"始终坚持中国共产党的路线，国民党恨之入骨，终于在 1941 年 4 月 28 日将"青记"封闭了。

"青记"总会被封后，"青记"活动虽然被迫停止，解放区延安分会、晋西分会、冀中分会、晋察冀边区分会的活动却一直坚持到抗日战争胜利。青年新闻记者学会延安分会成立于 1938 年 11 月 6 日，成立大会在延安边区文化协会里举行，大会主席团由徐冰、向仲华、汪仑、雷烨、肖英、员宪千、方树民组成，康生讲话并题词："抗敌先锋"。大会通过了章程，选举了徐冰、向仲华、汪仑、雷烨、肖英、沙凡、员宪千、方树民、英魁、方绥、周游、刘人寿等 13 位理事，徐冰、向仲华、汪仑为常务理事。延安分会登记的会员有 70 多人，每位会员须交纳会费国币二角。分会还决定出版会刊，每半月出版一次，经费由解放社、新中华社、边讯社给予津贴。

1940 年，抗战正酣，中国青年新闻记者学会的陆诒同志跋山涉水冲破敌人的封锁线，从重庆来到晋察冀边区，带来了中国青年新闻记者学会写给晋察冀边区新闻工作者的一封信，信中表述了远在万里之外的大后方的"青记"总会无时无刻不在关心着边区战地记者的工作、生活情况，也为敌后新闻工作者的成功和胜利鼓舞。信中高度评价了边区的新闻工作，在最艰苦、最缺乏物质条件的情况下，开拓了广大敌后新闻领域，在中国新闻事业的历史上，写下了最光辉的一页。陆诒同志专程来边区的目的，就是要帮助边区建立"青记"分会。

1940年1月13日下午，边区新闻界在边区民革分社召开了座谈会，酝酿建立"青记"分会的问题。抗敌报社、救国报社、民革边区分社、晋察冀边区通讯社的编辑、记者出席了会议。与会的还有陆诒和李公朴先生，大家一致同意建立边区"青记"分会。第二天的"青记"筹备会上推选了抗敌报社的社长邓拓同志、抗敌三日刊的丘岗同志、晋察冀通讯社的刘平同志、救国报社的李宗美同志、民革社的张遂同志为筹备委员。

1940年3月10日，"青记"边区分会成立大会在阜平第一高小隆重召开。边区新闻工作者数十人到会，这是个大团圆的会。会场门口扎了华丽的牌坊，路边还扎了两只狮子。会上，邓拓作了国内外形势的报告，他的广博学识、深刻思想博得了与会者的好评。邓拓讲了边区新闻工作的任务和努力方向，敌后的新闻工作者应该整肃舆论阵营，加强舆论引导，保障舆论自由，报道应与敌后战争紧密配合，特别应与边区军事政治任务相配合。《新华日报》记者袁勃、文艺工作团的周而复、草明祝贺"青记"分会的诞生。大会选举邓拓等9人为理事。

值得一提的是，会上搞了一个新闻报刊展览会，小小的展览室里收集了边区出版的铅印、石印、油印的各种报纸。展品中还有日寇偷了《抗敌报》的报头，编排、印制的假抗敌报。可惜这些展品在战争环境中都失落了，留下了永久的遗憾。

1940年3月21日，《晋察冀日报》发表了《边区"青记"分会成立大会宣言》，邓拓同志在宣言中写道："大会号召全体会员，竭力以赴，务使人人有相当之理论基础，判断之政治能力，一定之军事知识，丰富之社会经验，真正之新闻卓识，锐利之文字武器，刻苦之学习精神，严肃之生活态度，能担负日益艰巨之神圣任务。"

苏皖边区倡议组织"中国青年新闻记者学会淮北苏皖边区分会"，并组成筹委会。筹委会在1941年9月25日的《拂晓报》上刊登了征求会员的"启事"。"启事"明确该会宗旨是"为团结淮北苏区一切新闻工作者，研究新闻学术，提高新闻事业之理论与技术……"

"青记"2000多名会员继续在各自不同的岗位上进行不懈的斗争，一直坚持到全国解放。

在80多年的奋斗中，许多为开创人民新闻事业建立卓越贡献的老前辈，已经溘然长逝，许多在火热的前线和平凡的岗位上为新闻工作而忘我献身的烈士们先后离开了我们。我们深切怀念他们，永远纪念他们。

"青记"虽然只存在了短暂的3年半时间，但它是中国爱国、进步的新闻工作者的一面旗帜。当我们纪念她诞生81周年的时候，我们感到：它的激扬、凛然的爱国主义精神，办实事、求实效的艰苦朴素作风，讲团结、求大同的工作宗旨，是留给我们的一笔宝贵的财富，我们应该不断地咀嚼、吸收其中丰富的养分。

注　释：

[1] 方汉奇主编:《中国新闻事业通史》第二卷，中国人民大学出版社出版 1996 年版，第 641 页。

[2] 陆诒:《关于"中国青记"历史情况的回忆》,《中国记协历史资料汇编》，中华全国新闻工作者协会，1987 年，第 32 页。

[3] 沈谱编:《范长江新闻文集》，中国新闻出版社 1989 年版，第 769 页。

[4] 范长江:《新阶段新闻工作与新闻从业员之团结运动》，沈谱编:《范长江新闻文集》，新华出版社 2001 年版，第 821 页。

[5] 陈农菲:《出入波涛里》,《戎马书生》，上海市政协文史资料编辑部出版，第 765 页。

[6] 方蒙:《范长江传》，中国新闻出版社 1989 年版，第 70 页。

[7] 林浩:《回忆陈农菲同志》,《新闻春秋》2004 年第 1 期。

[8] 顾雪雍:《奇才奇闻奇案——恽逸群传》，上海人民出版社 1996 年版，第 146 页。

（作者王大龙曾任中国记协理事、新闻发展中心主任）

武汉"青记"活动考

陈　娟

中国青年新闻记者学会（以下简称"青记"）是"中国记协"的前身，于 1937 年 11 月 8 日在上海成立。"青记"全盛时期有 49 个分会、30 多个通讯处，会员有 2000 多人，基本上当时各大报社的记者、包括很多外国记者都是"青记"会员。抗日战争时期，"青记"开展了很多卓有成效的工作，为世界反法西斯战争、中国人民的抗日战争和中国新闻事业的发展做出了艰苦卓绝的努力，取得了令人瞩目的成就，新闻史学家丁淦林在《二十世纪中国新闻界十件大事》一文中将"青记"的成立列为第四 [1]。

"青记"在上海成立后的第三天，上海陷落。根据政治中心的转移，总会迁到武汉。事实上，"青记"在武汉时期才正式作为一个社团开始活动，武汉"青记"开展的一系列具有开创性和代表性的活动，迅速奠定了"青记"作为全国性社团组织的地位。

召开第一次全国代表大会。 1938 年 3 月 30 日，"青记"在汉口青年会二楼大礼堂召开了"青记"第一次全国代表大会，参会的有来自全国各地、各党派报刊的记者代表，还有外国记者代表等 100 多人。参加这次大会的国民党官员有国民党中宣部部长邵力子、监察院院长于右任，新闻界的代表有张季鸾、曾虚白、邹韬奋、陈博生、王芸生、丁文安、王亚明、潘梓年等，文化界人士有郭沫若、沈钧儒、严宝航、金仲华等，国际友人有苏联塔斯社的罗果夫、美国合众社的爱泼斯坦和美国女作家史沫特莱。大会发表了《中国青年新闻记者学会成立宣言》，讨论通过了工作纲领，选出了理事、常务理事，建立了组织结构。

"青记"第一次全国代表大会的召开，昭示着抗战时期，新闻记者各自为战、一盘散沙的局面结束了，新闻记者第一次团结在抗战的旗帜下，成为一个有组织、有纪律的集体。

建立了首个"记者之家"。"保卫大武汉"的战斗打响后，为了给本地和战场归来的记者提供食宿上的方便，1938 年 9 月，"青记"在经费十分紧张的情况下，租下汉口长春里 5 号楼的房间，建立"记者之家"，陈碧星任第一任舍长。范长江在《集体主义的一个试验——记者宿舍》中说："改进中国新闻事业，我们应当努力的部门很多，我们认为在各个城市首先给予各新闻从业人员以走上集体主义之环境，即以集体生活、集体工作、集体学习三个基本口号为内容的设施，是最紧急的步骤。"[2]

汉口的"记者之家"条件非常艰苦。长春里是烟花巷，周围环境污浊，房间里只是摆上几张床和几张桌子，就算是布置好了宿舍。宿舍总共只能住 15 个人，来回周转。但就是在这样艰苦的条件下，他们还创办了《记者之家》壁报，第一任舍长兼《记者之家》壁报的编辑陈碧星还专门写了发刊词，说："'记者之家'（这里指壁报）将要负起使记者宿舍造成一个真正的记者之家的任务。因此，壁报的内容包括自我教育和生活改善两方面"[3]。

"记者之家"开创了一种新的集体生活，通过集体学习、集体工作、集体生活，使记者摒弃了当时"同行不合作"的新闻界旧作风，互帮互助，共同提高，这种合作和提高也在客观上促进了战时新闻业的发展。

出版会刊《新闻记者》。"青记"会刊《新闻记者》月刊于1938年4月1日在武汉创刊，1941年4月休刊。共出版两卷20期。在武汉共出版7期。会刊除了刊登"青记"会务消息，对正面战场的战争形势、共产党的游击战开辟专栏进行报道以外，还对全国各地包括香港、澳门的新闻事业，以及日本、俄国的新闻事业进行总结研究，留下了非常珍贵的史料。《新闻记者》以大量的篇幅对新闻业务进行探索讨论，其中对新闻业务的研究和观点具有一定的超前意识，放到今天依然实用。这些介绍业务知识的文章后来被搜集整理编入《战时新闻工作入门》一书出版，作为"青记"在全国各地举办的新闻培训班和新闻培训学校的教材广泛使用。

组织第一个战地记者采访团。在"青记"第一次全国记者代表大会上，范长江在开幕词中提到要成立战地记者采访团，得到于右任首肯。徐州会战打响后，"青记"立即组织大批记者到前线采访，并根据战争形势的需要在徐州成立了"青记"第五战区分会，这是"青记"在前线成立的第一个分会。"青记"会员到前线后，为第五战区《动员日报》写了大量的战地通讯，第五战区官兵一度深受鼓舞，士气高昂。徐州会战结束后，"青记"为突围回到武汉的记者举行盛大欢迎会。这些记者将沿途见闻写成通讯，和战地通讯一起集结成册，出版《徐州突围》一书。徐州前线的战地记者采访团第一次采取协同作战的工作模式，奏响了新闻记者大团结的乐章。

开展新闻业务培训。"青记"对记者的培训，除了在会刊《新闻记者》刊登大量新闻业务知识以外，还会定期召开新闻业务座谈会，举办临时新闻写作培训班，开办新闻学校等。其中"青记"香港分会开办的香港中国新闻学院尤为成功，该校还创办有中国新闻通讯社，作为学生实习基地。香港中国新闻学院先后培养了400多人，很多毕业生都成长为传媒业的骨干力量。

"青记"在武汉时期对记者的业务培训主要是定期召开学术座谈会、举办学术论坛等，比如在《新闻记者》创刊号刊登了《新闻的时间性和时代性》，第2期《意并阿问题座谈》，第3期《中外记者在火线上的座谈纪要》等，还有不定期的《学术论坛》专栏等。

"青记"对记者的业务培训虽然手段单一、相对简陋，但是在战事激烈的年代已经十分难能可贵。

组建第一个战地书报供应队。"青记"会员陆诒等在瑞昌前线采访期间，沿途见部队日常的精神食粮十分匮乏，就通过报刊将这一情形公之于众。"青记"总会联系一些救亡团体在武汉建立"战地文化服务处"，同时指定随军采访的会员孟秋江、李洪等组织了"战地书报供应队"[4]，利用上前线工作的机会，为前线部队输送一部分书报。后来，还在阳新、通山一带的三十一集团军中建立了"三十一文化兵站"，专事代办转送书报杂志给作战部队的官兵，充实了前线官兵的文化生活。《战时工作入门》一书还有高天的一篇文章《普遍建立文化兵站》[5]，提出要实际而有效地开展战地文化运动，提倡普遍建立"文化兵站"，并拟定了文化兵站的业务简章。

举行中外记者节盛会。1938 年 9 月 1 日是当时的记者节，"青记"在江汉路普海春酒店举行庆祝会，在武汉的中外记者 100 多人参加了庆祝活动，蒋百里、曾虚白、沈钧儒、郭沫若、王芸生等军政、文化界名人出席活动并讲话。不同报社、不同国籍、不同信仰的记者欢聚一堂，成为当时武汉文化界的一大盛事。

筹备组建国际新闻社。国际新闻社简称"国新社"，1938 年 10 月 20 日在长沙成立，是范长江以"青记"会员为骨干成立的民间新闻通讯社，与国民党中宣部的国际宣传处是供稿合同关系。后来，"国新社"总社迁到桂林，并在重庆、香港、金华成立三个分会，重庆分会负责国统区新闻，香港分会负责国际新闻，金华分会负责敌后新闻。"国新社"成立后，向国内外 150 多家华侨报刊供稿，"青记"会员负责前往全国各大战场采写稿件，"国新社"负责联系国内外各大媒体供应稿件的格局逐渐形成。"国新社"的成立和发稿，对内，打破国民党中央社的新闻封锁，第一次正面报道了共产党领导的敌后抗日根据地；对外，向全世界宣传了中国人民的抗日战争和日本帝国主义侵略中国的事实，争取了世界舆论的同情和支持。

"青记"在武汉开展的这些开创性和具有里程碑意义的工作，在当时新闻界引起很大的反响，为"青记"在全国各地发展会务、吸纳优秀记者成为会员打下了坚实的基础，"青记"成为进步青年的汇聚地，这也是"青记"总会虽再三转移，依然保持强势发展的根本所在；同时，"青记"在武汉搭建的组织和人事框架，不论是后来的长沙"青记"、桂林"青记",还是重庆"青记",都是将"武汉模式"整体或部分移植过去,全国各地的分会也模仿了这种结构,可以说,武汉"青记"奠定了整个"青记"的思想、组织和人员基础,是"青记"后续发展的范本和蓝图,在整个"青记"发展史中占有举足轻重的地位。

注　释:

[1] 丁淦林、徐培汀:《二十世纪中国新闻界十件大事》,《新闻记者》2001年第1期。

[2] 范长江:《通讯与论文》,新华出版社1981年版,第264页。

[3] 范长江:《通讯与论文》,新华出版社1981年版,第270页。

[4] 陆诒:《文史杂忆》,1994年5月,第158页。

[5] 中国青年记者学会编:《战时新闻工作入门》,生活书店1939年,第232页。

（作者系武汉大学新闻与传播学院2018级博士）

叁 | 后代记忆

饱含着情，深怀着敬。这是一群
平均年龄在 70 岁以上老人刻骨铭心
的记忆，一个个鲜为人知的故事背后，
是一代新闻人的牺牲、奉献与担当。

范长江在一九三八

范苏苏／口述　苗　青／整理

　　范长江（1909.10.16—1970.10.23），四川内江人。中国现代新闻史上著名的新闻记者，无产阶级新闻事业的领导者，新中国新闻事业的开拓者，科技战线卓有成绩的领导者。1936年"西安事变"之后，他曾只身来到事变中心，采访了周恩来同志，随后又到达延安，和毛泽东主席彻夜长谈。并在《大公报》上第一次向全国公开报道了西安事变真相和我党的抗日民族统一战线政策。在抗战初期，在周恩来同志直接领导下，他积极组织和领导了"中国青年新闻记者协会"和"国际新闻社"，团结了大批进步青年记者，向全国人民报道了抗日战争的真实情况。抗战胜利后，他参加了以周恩来同志为首的中共代表团，在南京担任我党的新闻发言人。解放战争期间，他跟随毛泽东同志和周恩来同志转战陕北，担任"四大队"队长，及时向全党、全军和全国人民传达了党中央的声音。新中国成立前后，他历任《解放日报》社长兼总编辑、新闻总署副署长、人民日报社社长，对于新中国新闻事业的创建和发展，作出了重要贡献。1956年后他担任国家科委副主任、全国科协副主席、党组书记，特别是对科协的创建和发展，作出了重要贡献，是我国科技界卓有成绩的领导者。1970 年 10 月 23 日，他在河南确山全国科协"五七"干校被迫害致死。1978 年 12 月 27 日，在八宝山革命公墓胡耀邦同志主持下举行了追悼大会，为他平反昭雪。

1938 年是抗日战争期间极不平凡的一年。上海沦陷、南京失守后，中国是战还是降？中华民族面临生死存亡的抉择。1938 年 3 月 30 日在武汉召开了"青记"第一次全国代表大会，全中国的年轻新闻工作者在这里吹响了集结号。他们承担起民族救亡的重任，以笔为枪，英勇地奔赴抗日战争的第一线。4 月 8 日，中国军队用生命和鲜血取得了抗战以来最重大的一次军事胜利——台儿庄大捷，扬中华民族之雄威，打击了日本侵略者的骄狂气焰，极大地鼓舞了中国人民的抗战热情和胜利信心。中日双方交战于台儿庄之时，数十位中外记者齐集于此，对战局进行集中报道，并于 5 月 9 日成立"青记"第五战区分会。我的父亲范长江在 1938 年中便见证了战局的风起云涌与"青记"的发展重大。

在中共领袖的帮助下坚定革命立场

长江先生：

听到你饱载着前线上英勇的战息，并带着光荣的伤痕归来，不仅使人兴奋，而且使人感念。闻前线上归来的记者正在聚会，特驰函致慰问于你，并请代致敬意于风尘仆仆的诸位记者。专此。祝健康！

周恩来

六月廿六日 [1]

　　这是时任中共中央革命军事委员会副主席的周恩来在武汉写给我父亲范长江的一封信。这封信写于 1938 年 6 月 26 日，是台儿庄战役结束后的第 82 天。当时周恩来兼任国民政府军委会政治部副主任职务，我父亲是《大公报》采访部主任。周恩来信中提到的"前线"，指的是 1938 年 3 月中旬开始的台儿庄战役及徐州会战。当时，有许多驻华使馆派出的武官、许多外国记者以及全国各地的报社派出的记者前往战地视察、采访。武汉新闻界由我父亲领导的"青记"成员、《新华日报》《大公报》《扫荡报》、中央社等报刊新闻记者和摄影记者以及华侨战地记者黄薇等几十人组成采访大军，也英勇地奔赴前线。我父亲在这段时间里深入第五战区采访，发回了大量新闻专电，并连续写了《李宗仁纵谈抗战前途》《川军在山东前线》《桂兵佳话》《慰问台儿庄》《光辉的战场》《鲁南运动战的经验》等一批有深度、有分量的战地通讯。这些新闻向大后方的同胞们以及世界人民如实报道了前线的战况，特别传递出中国军人的视死如归、不畏强敌血战到底的英雄气概，极大地振奋了民族精神，遏止了失败主义思潮的蔓延，使中国人民重新树立起抗战必胜的信念。

　　我父亲能够如此不畏死、不畏难地深入前线如实采访，首先和他此前的思想转变有关。1938 年之前，他已是一位名闻天下的记者。凭着对祖国和人民的热爱，年仅 26 岁的他就只身前往大西北采访，挥笔成章。他撰写的通讯陆续在《大公报》发表，首次向全国读者全面介绍了西北地区的情况，并公开报道了红军和二万五千里长征，引起一片轰动。1937年2月3日，他克服重重关卡进入西安城并采访了周恩来，了解了"西安事变"的真相。2月9日他又到达延安，与毛主席彻夜长谈，了解了中国共产党的抗日民族统一战线的主张，及其他十年来他东摸西找找不到出路的问题。在他摸索救国救民真理的过程中，"七七"卢沟桥事变爆发了。在周恩来同志的直接关心下，通过夏衍、胡愈之、恽逸群等共产党员的积极筹备，父亲和其他24人在上海发起成立了一个团结中国新闻记者的统一战线的组织，并由他提出定名为"中国青年新闻记者协会"（以下简称"青记"）。1937年11月8日晚7时，我父亲和恽逸群、羊枣、碧泉、朱明、邵宗汉等15人在上海山西路南京饭店召开了"青记"成立会，会议上讨论了"青记"宗旨及工作纲领，通过了"青记"会章，选举了领导机构。他作为"青记"的主要发起人和五个总干事之一，开始以更大的精力投入新闻战线的抗敌斗争。

随着国民政府的中心西移到武汉，父亲受"青记"的委派于1938年元旦在武汉建立了"青记"武汉分会。在此期间，他一直在思考新闻记者在抗战中的立场以及如何发挥作用等问题。鉴于1937年2月他曾去过陕北，与毛主席彻夜长谈，又对中共的主张十分重视，父亲在1月3日给毛泽东主席写了一封信，向他请教这一系列的问题。父亲始终是一个爱国为民、追求真理的人，他投身新闻抗战并不是考虑自己的前途，而是挂念着民族和国家的前途，这就是他写信给毛主席的动力来源。2月15日，毛主席认真地给他回了一封2000

多字的长信，逐条回答了他的问题，并详细介绍了中国共产党在抗战中及抗战后的主张。这封信帮助父亲解除了心中的疑问，坚定了他的信念和革命立场。

由此可见，父亲在 1937 年到 1938 年期间，从中共最高领导人毛泽东、周恩来这里得到了许多启发和教育。他本人通过不断学习和探索，随着抗战形势的进一步发展，从一个普通的爱国知识分子逐步走向成熟，成为了一名坚定的共产主义者。1939 年 5 月，父亲正式加入中国共产党。

成功举办"青记"第一次全国代表大会

"青记"在武汉公开合法活动以后，中共对"青记"工作的领导也加强了。当时徐迈进同志是《新华日报》的编委，他在回忆中称"当时范长江同志同我和潘梓年（新华日报社社长）商量，准备在武汉成立一全国性的组织，并要我参加筹备工作。潘梓年将此事向周恩来同志汇报后，周恩来同志表示十分赞同，并指示要我和长江一起负责筹备组织和领导这个组织"。他还表示："'青记'成立以后，周恩来副主席对它非常关心，并经常注意我们的工作，随时找长江同志和我了解我们的工作情况，并有所指示。我们这个组织就是通过党员起主导作用的。"[2] 1938 年 5 月 26 日周恩来致信我父亲后，在不到 20 天的时间里，他又分别于 6 月 7 日和 6 月 11 日给我父亲来了两封信。除对从抗战前线归来的我父亲等战地记者表示关心外，周恩来还听取战地记者的汇报，鼓励他们据实向军事委员会反映前线情况，以便根据他们反映的问题加强军队政治思想工作。这都对加强抗日民族统一战线建设，促进团结、共同抗战起到了积极作用。

1938年3月30日，更名为"中国青年新闻记者学会"的"青记"的第一次全国代表大会在汉口的青年会二楼大礼堂召开，标志着中国青年新闻记者学会总会的正式成立。出席的代表，除上海、武汉两地外，还有长沙、广州、西安、成都、重庆、香港和南洋各地的代表。大会不仅邀请到郭沫若、杜重远、沈钧儒、阎宝航、金仲华等各界知名人士，还邀请到张季鸾、王芸生、邹韬奋等著名报人参加，时任国民党中宣部部长的邵力子、国民政府监察院院长于右任也应邀出席。苏联塔斯社的罗果夫、美国合众社的爱泼斯坦和美国女作家史沫特莱等国际人士也出席了大会。[3]

会议选举了范长江等11人为理事，其中徐迈进、陈同生、夏衍、恽逸群、傅于琛等人都是共产党员。范长江、钟期森、徐迈进三人为常务理事。陆诒同志在《陈同生与"青记"》一文中有这样的描述："我特地从第五战区的徐州赶回汉口参加这次盛会，结识了许多新闻界的新朋友，陈农菲同志（即陈同生）便是其中之一。记得范长江为我作介绍时曾说，他是大革命时期的老战士，不仅善于执笔写文章，还能带兵打仗，英勇杀敌。""在这次会上，他和我都当选'青记'理事，范长江当选为常务理事。当时徐州前线激战方酣，范长江与我刚开好会即匆匆回到徐州，采访台儿庄胜利的战讯。陈农菲同志受理事会的委托，常驻华商街济世总里会所办公，领导繁忙的日常工作。"[4]

会前"青记"已经国民党中央宣传部批准备案，从一个秘密成立的组织，变成了一个"合法"的青年记者团体。这次大会的召开也成了抗日民族统一战线逐步成熟、国共团结合作抗日的一个象征。大会通过了简章和成立大会宣言,宣言的第一句就指出:"抗战一定能胜利,同时抗战一定会将中国腐败的成分扔掉,而在抗战过程中逐渐产生出崭新的力量,这是我们的信念。"作为"青记"的主要负责人,我父亲与"青记"理事陆诒一起,于会后的第四天即从武汉出发,率先冲向战场第一线采访,将战时报道供应内地报纸,扩大抗战新闻工作的范围。他们的努力既是为实现总会成立宣言,也是为了发展"青记"队伍。

领导"青记"记者踏上民族解放的战场

随着抗日救亡运动的兴起,我父亲心目中的一个理念也日渐形成,那就是:"如果所有的报纸从业人员都能团结一致,将战争的讯息视为庞大的圣战,而且人人⋯⋯仗义执言,单是报纸就可以对我们的战地工作产生重大的贡献。"[5]为实现这个理想,他创办的"青记"自1937年11月8日在上海诞生,到1938年底,在全国范围陆续建立了13个分会,分别是武汉分会(1938年1月1日)、成都分会(5月4日)、第五战区分会(5月9日)、上海分会(6月5日)、兰州分会(7月13日)、长沙分会(7月16日)、南昌分会(8月1日)、西安分会(9月17日)、广州分会(9月19日)、太行山分会(9月)、香港分会(10月30日)、延安分会(11月6日)、闽南分会(11月)。"青记"迅速成长为一个全国性的同人组织,"在学习上有了互相观摩的机会,在生活上有了某种程度互相扶助的机会,在工作上收到了不可否认的效果"。

"青记"记者英勇地踏上了民族解放的战场,在各个战区、战场报道前方战事。例如在徐州会战期间,除我父亲范长江和陆诒外,还有石宝瑚、曹觉民、顾廷鹏、俞创硕、龙炎川、高元礼、张剑心、赵悔深、乔秋远、赵家欣、高天、黄薇、胡守愚、周海萍等二三十位"青记"会员从全国各地赶赴台儿庄。他们同各报记者团结互助,在抗战中培养出同业团结的精神,他们写下的新闻报道对鼓舞军民士气起到了很大作用。

经过洪雪邨、张剑心、高元礼三位先生多日的筹备,"青记"五战区分会于5月9日正式成立。五战区分会的发起人除我父亲和陆诒外,还有戈矛、高元礼、汪止豪、洪雪邨、石宝瑚、曹觉民、张剑心、顾廷鹏、俞创硕、龙炎川、盛成,共13人,华侨女记者黄薇及蔡学余、胡守愚、陈北鸥、宗祺仁等人后来也参加了进来。五战区动员委员会还出版了《动员日报》。社长汪止豪和总编辑洪雪邨都是穿着军装从广西随军过来的。"青记"于5月4日成都分会成立,总会不但在《新闻记者》刊物上发了消息,还专门发了祝贺电报。"青记"长沙分会于7月16日成立,主席田慧如,常务理事伏笑雨、黄仁宇、严怪愚,秘书陈子玉。我父亲不仅亲自参加了长沙分会的成立会,还发表了署名文章——《祝记者学会长沙分会成立》。当时任分会常务理事的黄仁宇想离开记者学会去参军,我父亲去找他促膝长谈,苦口婆心做黄仁宇的思想工作。后来黄仁宇成了著名历史学家,写作了《万历十五年》等著作,他在《黄河青山》这本书里还提到"青记"这段经历,感慨万分。从"青记"成立到1938年底,仅一年时间,"青记"成员从二十余人发展到六百余人，增长了 30 倍，速度如此惊人，不能不说是一个很大的成绩。父亲付出了许多心血，在这个过程中和他的战友们一起创造了奇迹。

深入前线采访司令长官李宗仁

对我父亲范长江来说，他一生中写通讯最多的就是 1937 年至 1938 年的这两年间，这也是国共两党合作最顺畅、全国人民心气一致团结抗战的时期。

作为战地记者，父亲始终没有忘记记者的本职工作，把前方战事的情形告诉全国民众。从 1938 年 1 月下旬开始，他就在皖、豫进行采访。在鲁南第五战区司令长官部的所在地徐州，他采访了司令长官李宗仁。在 2 月 5 日发表在汉口《大公报》上的《李宗仁纵谈抗战前途》一文中，他写出了李宗仁将军的坚定与从容、李将军对整个抗战形势的看法，以及对方对抗战必胜的信心之由：

今天我们中国的态度，整个的出乎日本军阀预料之外，我们不但不屈服，我们决心坚强抗战到底，不胜不停，这一下日本手忙脚乱了。日本的政略可以说完全失败，政略失败，战略也自然失了根据。所以只要我们自今天以后，处处强硬，无一时一地不是日本意外的困难，不管每一战斗的结果怎样，原则上都是日本失败了。步调已经错乱的日本，我们还怕他干什么！[6]

在对津浦南段战争经过的报道中，父亲看到了中日军事装备上的巨大差距，同时也看到了我军运动战带来的胜果，为后方军民打气。

> 我们虽然仍如过去那样没有机械化部队增加，然而我们只要稍稍变动作战方法，仍然可以打胜仗。……本是原来已经疲乏的队伍，只要作战方法变更，就可收到如此巨大的效果。如果我们今后全国战区都能开展运动战，各部队好好配合，一定很容易打胜仗。[7]

> 只要我们能适当地开始运动战，以主动的、攻击的、机动的军容，与骄慢残暴的日本军队周旋，敌人一定要逐渐尝到困顿与苦恼，以至于局部被我消灭，演成全局的崩溃。[8]

在台儿庄感受中国将士的不屈斗志

1938 年 4 月的台儿庄，已经吸引了不少国外友人前来报道，他们中有匈牙利记者罗伯特·卡帕、荷兰导演伊文思、美国记者爱泼斯坦等。这么多外国记者和中国记者云集一地，对一次扭转中国战局的重大战役进行集中采访，在世界新闻史上也是罕见的。我父亲和陆诒于 4 月 4 日抵达台儿庄。据第二集团军总司令孙连仲回忆：

> 台儿庄大捷后，新闻记者群来访问我。我拂晓反攻，正面三十师，左边二十七师（师长黄樵松），到下午两三点钟还没有

休息，我请记者们去睡觉，独范长江（《大公报》记者）不睡，我走到哪里，他跟到哪里，结果他抢到最早反攻胜利的消息，发往汉口，《大公报》因此而发号外。[9]

第三十一师参谋主任屈伸的回忆录中也提到：

（4月6日）傍晚，接师部电话，牛欣铨师附陪同美、苏、英、法等友好国家战地记者团十余人，由《大公报》特派员范长江，新华日报特派员陆诒陪同，到徐州前线采访会战情况。……看一看"皇军百战不败神话"的破灭。后由长江同志陪同代表团返回徐州。[10]

父亲在《慰问台儿庄》一文中写道："台儿庄完全归复后四小时，我们立刻离开孙连仲先生的野战司令部，在×××约好池峰城师长，同入台儿庄。池峰城是此次台儿庄支持战的主将，半个月无休息的战争，使他的头发和胡子都长得很长，嗓子已经哑了……但是半个月的苦战，已经换得了四月七日晨间的胜利，在敌人败退之后，挟扬眉吐气之心情，以入浴血苦战之寨堡，任何沉重加疲劳，也抵不过这样光荣的兴奋了。"

"韩佛寺离台儿庄约有十里，我们坐手摇车循铁路北进。"进入了经历浴血苦战的台儿庄城内，只见"满街瓦砾、沙土、破纸、烂衣、倒壁、塌墙……所有房屋，无不壁穿顶破，箱柜残败，阒无一人"[11]，走在经飞机重量炸弹炸出的巨坑和被炸断的铁道边，看到了中国将士的尸体残骸，以及已成一片焦土、万孔千伤的台儿庄市街，父亲虽不免为国土国人惨遭战争蹂躏而难过，但也被中国军人旺盛的士气和视死如归的勇气所激励，"感到无精神支持之优越兵器，无论如何凶暴，终不能敌抱必死之心之战士也"[12]。当天下午回到台儿庄旅部，我父亲和陆诒参加了官兵座谈会，第三十一师师长池峰城与会。在会上，战士们生动地描述了和敌人战斗的情况，"大家说来说去，总是证明我们必定胜利，日本必定败亡……一次一次胜利，毫无问题的，一定会不断地到来"[13]。

从大量目见耳闻的素材中，我父亲很快写出了《台儿庄血战经过》《慰问台儿庄》和《台儿庄血战故事》三篇文章，分别发表在 1938 年 4 月 12 日、13 日、18 日的《大公报》上。在文中，他生动描绘了向伤员脱帽致敬的将领，红光满面、喜气盈盈的官兵，以及中国军人坚决勇毅的精神面貌；记录了慌乱的敌人，连自己的伤兵都要抛弃，甚至是用火烧死，"无情的日本军阀因鉴于战争不利，将来运送困难，故仍不顾人情地把伤兵活活烧死！"[14] 最主要的，他还分析了敌军的优点和弱点，我军的成功和缺陷；客观总结了台儿庄争夺战的胜利原因，在于"新战术之运用"，"战术上始终立于主动"[15] 以及"我官兵之镇定英勇"[16]；着重记录了所有参战中国人的"牺牲的决心"，不只战斗员如此，非战斗员的救护医务人员、服务团的女同志……所有的中华儿女们，为了争民族的生存，正义的伸张，都在前线硬干。这些生动、翔实的报道给中国民众以极强烈的现场感，以及理性的客观分析，对提振军民士气起到了不可估量的作用。

为战争中的军民融合感到衷心快慰

我父亲在前方对参加抗战的部队进行了深入了解，相继写出了《豫南皖西的新气象》《桂兵佳话》《川军在山东前线》等通讯，有力地向民众报道了中国军人抗日的坚决与勇敢，以及军民合力将台儿庄筑成"中华民族扬威不屈之地"的辉煌成就。

通过与前线军民的亲身接触，他发现，在国难当头之际，中国确已到了人无分老幼，地无分南北，军民团结一心抗战的地步。自抗战军兴，西北军、东北军、直鲁军、桂军、川军、粤军、滇军、晋军，这些以往互相倾轧、各自为战、被中央军看不起的"杂牌军"，从此成了一条战线上的战友。无论是哪个系统的将士们，此次出征抗日，都以"不到胜利，绝对不回家去"为志，坚决不做亡国奴！大家通力合作，共同抗敌，成为中国取得台儿庄大捷的主力。

例如，我父亲对广西军人严守军纪不扰民留下了很深的印象。他看到的这些大多来自广西乡村的青年军人"忠厚纯直，绝对无世故气"。"见有他军散兵自由取民间食物等，毫不付价，而他们挺身而出，替受害者打不平，好像保护他的自己利益那样认真。"特别是对一位广西兵宁愿淋雨不肯入民房的事情作了生动记录：

皖西舒城某士绅家门外，立有一桂兵，天大雨，因未带雨具，衣服尽湿，冷冻不堪，士绅乃请其入内暂息，兵不肯入，再三请之，乃入。入后乃就火烘衣服，主人欲送以布鞋一双，则坚持不可，仅在鞋袜烘干之后，即刻离去。刚出门即遇到官长，官长责何以擅入人家，士兵以主人坚请对，后主人赶出证明，此兵始无罪。[17]

装备简陋的四川军人在此次会战中也付出了重大牺牲。赤足草履、短裤单衣的川军将士们是一路"站火车"赶到晋豫皖作战的，但他们的纪律"竟是非常良好，大家相处得相安无事"。"川军的军誉，在前方更好。"以至于身受韩复榘时代痛苦的山东百姓，"突然遇到川军，这样讲规矩，有点超常的感觉"。因为川军不扰民，各村各镇送川军礼物者不绝于途。"村民送到即走，不管收否。商家更一致公议，在旧历年关为优待川军起见，破格不提高物价。川军多穿草履，雪地冰天，民众心中不忍，特纷纷送往鞋袜，而使士兵不至于感觉缺乏。"[18] 有的地方百姓主动为士兵赶做布手套，送柴火为哨兵燃火取暖，拿出冻疮药亲自为受冻伤的士兵绑扎……一些士兵于兴奋之际，慨然谓："为民族而战争，能得民众如此爱戴，可以死而无恨了！"[19]川军见此，真正实现了"军队与民众打成一片"。

种种军敬民、民爱军的表现，感动了身处战火威逼下的人们，也感动了我父亲。看到大家在抗日的总目标之下不分彼此的神情，他感到衷心快慰。这一切更催促他用传神的报道，向全国民众介绍面貌一新的中国军民，歌颂军民融合的新景象，给国人注入强大的精神力量。

敏锐觉察到中国发生的新变化

在前线从事采访报道期间，我父亲以其敏锐的新闻嗅觉，看到了中华民族团结一致、抗敌御寇的爱国主义精神在熊熊燃起，也觉察到在中国土地上发生的一些新的、积极的变化，并将之及时写进通讯。

首先，在战争中，国家动员了各地军民为抗日出力，来自五湖四海的中国人汇聚到了前线，抗日杀敌的共同目标让他们跨越中国民族发展中的方言障碍，产生真正的同情，实现了各民族大交流。各省军人，停止内战，实现军事统一，同去杀敌报国。因为"军事统一是中国最不易做到的政治任务，军事统一完成之后，中国建造过程上若干节目，皆可迎刃而解了"[20]。中国任何地方的军队，都在抗日的目标之下，由最高统帅部任意调动了。通过抗战，"历史改变了，中华民族内部都大交流了，日本人欺侮我们所谓'一盘散沙的中国'，也快成过去了"[21]。

其次，战争局势真正的转变，不是单纯依靠军事部门的改变奏效的。中国军人实施运动战，达成歼灭敌人的效果，既要改造军队自身的战术观念，加强自身政治教育，也要搞好民众运动，做到全面发动民众与军队配合。"具体言之，目前军队中的迫切需要在于扩大政治工作，最好能组织政治部。只要政治工作有办法，劣势兵器的军队，仍有打胜仗的把握。"在战争期间，一些将官竟然有一种"从来没有比现在更好打的仗了"的感受，究其原因，在于民众对军队的助力远超过往。有民众作耳目，使军人明了敌情，知其虚实，避实就虚，避开与日军之大炮坦克车正面冲突，处处有打胜仗的可能。

最后，战争打破了中国固存已久的一些积弊，刷新了政治上"官僚"的力量，让许多勇为的青年担当动员的领导工作，从而带来汰旧立新的政坛新风。可以说，"抗战是刷新政治的最好力量。因为在生死线上打圈，不是有吃苦耐劳和牺牲性的人，是不干的。平时贪官污吏把持政府机关，手段多端，排除万难，然而官僚最怕苦，最怕死，真到生死关头，官僚不打而自逃了。……从这一观点上，我们欢迎战争，欢迎战争来洗刷中国历史上积累下来的腐败恶浊的政治！"[22]

虽然在血肉横陈的战场上生活了好几个月，看尽了断壁残垣、尸骨残肢，父亲却始终保持着抗战必胜的乐观态度。即使站在遭受敌机轰炸后的废墟上，被战争占据的心灵，不免生出人间地狱之感，但他还是发出"中国的土地太可爱了，中国同胞太可亲了"[23]的感叹。因为对国家、民族满怀热爱之心的父亲听到了"河岸上战沟里士兵们歌笑声四起"[24]，从炮火硝烟中发现了"欣欣出土的绿草"，"原来又是春天到了！"[25] 1938年4月7日，父亲随长官部和集团军总部负责人再到前线视察，同屈伸、臧克家等一起站在敌人坦克残骸上照了相。那时在他的内心深处，一定是充满了民族自豪感和抗战必胜的自信心的。

组建"国新社"继续扩大抗日宣传

父亲和其他"青记"成员在台儿庄战役前后，撰写了大量很有影响的战地通讯，因而得到国民政府的重视。为满足中外记者对抗战新闻资料的需要，国民党中央宣传部领导下的国际宣传处劝说我父亲担任国际宣传处的战地记者，采写新闻通讯，供给外国记者。"后来在周恩来同志参与策划下，经过胡愈之同志和范长江同志商量，决定以'青记'成员为骨干，组成一个通讯社，向国际宣传处供稿，同时向国内报社发稿，从个人供稿发展到集体供稿，得到国际宣传处的同意。"[26]

1938年9月，因为在政治观点上和《大公报》老板产生分歧，父亲离开了《大公报》，并全力投入"国新社"的筹备工作。9月的一天，在汉口一家旅馆胡愈之的住所召开了筹备会议，"参加的有胡愈之、范长江、刘尊棋、徐迈进、孟秋江、邵宗汉、胡兰畦、高天等（曾虚白、陈农菲、陆诒、黄药眠、金仲华、刘良模、范式之、陈楚、石宝瑚等共17人被列为发起人）。长江在会上热情洋溢地讲述了胡愈之同志的设想和他的意见。这就是采用生产合作社的组织形式，办一个新型的进步新闻从业人员自己的通讯社，以宣传抗战、团结、进步为方针，定名为国际新闻社，简称'国新社'"[27]。

1938年10月20日，"国新社"在长沙正式成立，这是我父亲的一个"大胆的试验"。说他大胆，是因为他为了能够在国民党统治区内公开发稿，报道中国抗战新闻，主动出面拉国际宣传处处长曾虚白为创始人，并与其签订了一项协定书，建立供稿合同关系。协定规定，由国际宣传处委托"国新社"提供"有利于抗战建国及暴露敌方弱点"的国际宣传材料，以供国际宣传处向外国新闻单位发稿，"国新社""在不与国际宣传资料相同之范围内，可发国内通讯稿"及南洋等地华侨报纸稿件。这个协定对于双方都是有利的。父亲通过"国新社"向中外记者提供抗日战争的新闻资料，实际上通过海内外几百种传媒传播了中共的政治主张。

"国新社"成立后不久，因长沙大火迁到桂林，并于 1938 年 11 月 21 日在桂林正式成立总社。刚到桂林的时候，条件非常艰苦，总社两间房间"一间如沙丁鱼一样的睡觉，一间如罗汉殿一样的办公"[28]。尽管过着"救亡团体"式的生活，然而大家志同道合，同甘共苦，苦而无怨。为正确、及时地报道国内国际形势，宣传反帝、反封建、反法西斯的正义斗争，他们结成了一个坚强的集体。

"国新社"记者用国际宣传处的证件，奔赴抗战前线和后方采访，所写的通讯报道由国际宣传处支付稿费，译成外文后发给外国报刊记者。利用与国际宣传处的合同关系，"国新社"既解决了经费问题，又取得了新闻活动的合法条件，在短时期内成为公开、合法的新闻机关，并迅速打开了抗战新闻斗争局面。

1938 年 11 月，父亲在南岳见到周恩来，得到了很多请示的机会。这使"国新社"与斗争全局息息相通，也使其宣传报道起到了对内对外宣传抗战、团结一切进步人士、打击敌人的巨大作用。在 1938 年冬到 1941 年春的两年多时间里，"'国新社'由无到有，由小到大，与香港'国新社'联合，在内地添设了几个办事处，向海内外一百五十多家报刊发稿"[29]。父亲是最主要的开拓者和领导人之一。此时他的工作重心已不是写作通讯，而是宣传团结抗日。不到 30 岁的父亲在党的领导下带领记者同志们为民族民主革命共同奋斗，为中国共产党赢得国统区广大群众和海外华侨的支持而努力。他感到非常幸福！

今天，当我们一起回看 80 年前父亲的战斗生活，不得不喟叹在他身上所表现出的过人胆略和无畏气概。在战争阴云笼罩华夏大地的 1938 年，以他为代表的中国新闻记者们，为挽救民族危亡，为揭露日军暴行，也为了履行一名新闻记者的职业责任，没有逃避，没有退缩，在中国共产党的领导和周恩来同志的直接关心下，毫不迟疑地团结同业，组建了两个很有影响力的新闻团体："中国青年新闻记者学会"和"国际新闻社"。在抗战期间，他带领"青记"和"国新社"的记者们始终活跃在抗日战争的最前线，他们从前方发回的报道，达到了宣传抗战、宣传团结、宣传进步的目的，极大地鼓舞了全国人民取得抗战胜利的信心，也为争取国际社会对中国战事的关注与支援创造了有利条件。这两个组织在抗日胜利方面所起到的作用是巨大而深远的。

时至今日，父亲当年所做的各项工作之所以仍被后人念念不忘，不仅在于他胸怀坚定的革命信仰，还在于他严于律己的职业操守和坦率真诚的为人本性。他的战友这样回忆他：

　　他有一股革命干劲，有强烈的进取精神，同他一起，就是不想多干，也往往为他的热情所鼓舞和感染而会积极地干起来。他对于当时旧报人的坏习气，一谈起来就深恶痛绝。本来利用他当时的名望和地位，去猎取更高的地位和物质的享受是完全可以做到的，但老范不屑这样做，而宁愿和穷苦的青年混在一起过艰苦的生活，政治上则力求进步。这在当时来说，的确就是十分难能可贵了。没有对革命的认识，没有坚强的意志是做不到的。[30]

与他曾同历生死的新闻战友们，莫不"钦佩他的才华，同时也情不自禁地被他那待人真诚，热情豪放的性格和水晶一样透明的感人品德所吸引"[31]。他曾对同志们说："做一个合格的新闻记者，一要有'富贵不能淫、贫贱不能移、威武不能屈'的精神，敢于坚持真理，敢于说真话。二要有'读万卷书、行万里路'的抱负，博览群书，扩大知识面。三要广交朋友，勤作笔记，熟悉社会生活的方方面面。"[32]

他曾写道："几年来的工作，却使我感到，一个正确而坚定的政治态度对于新闻记者的重要。""没有正确的政治认识，等于航海的船没有了指南针"[33]。

无论环境多么困难，他都同广大人民群众站在一起，倾听他们的呼声，宣传他们的主张，反映他们的斗争。在他看来，"一个记者，其基础在群众，前途在群众"[34]。坚持真理说真话，就是一个新闻记者的本色。

斗转星移，80年过去，弹指一挥间。如今我们的祖国在习近平总书记的领导下进入了中国特色社会主义新时代，正在为实现中华民族伟大复兴的中国梦，完成"两个一百年"奋斗目标阔步前进，我父亲如九泉下有知，定会倍感欣慰！

注 释:

[1] 范苏苏主编:《范长江百年诞辰纪念集》,群言出版社 2009 年版,第 68 页。

[2] 徐迈进:《关于"青记"成立经过及其上线下延问题的我见》。

[3] 陆诒:《"青记"的创立和它在武汉会战前后》,载范苏苏、王大龙主编:《范长江与"青记"》,北京工艺美术出版社 2008 年版,第 263 页。

[4] 上海市政协文史资料编辑部编:《戎马书生——陈同生纪念文集》,2001 年版,第 55 页。

[5] [美] 黄仁宇:《黄河青山:黄仁宇回忆录》,生活·读书·新知三联书店 2015 年版。

[6]《李宗仁纵谈抗战前途》,《大公报》1938 年 2 月 5 日。

[7]《江淮间的运动战——初次胜利的战术经验》,《大公报》1938 年 3 月 3 日。

[8]《豫南皖西的新气象》,《大公报》1938 年 3 月 3 日。

[9] 孙连仲:《徐州会战简述》,载孙连仲、刘斐等:《徐州会战》,中国文史出版社 2013 年版,第 36 页。

[10] 屈伸:《台儿庄大战纪实》,载文闻编:《我所亲历的台儿庄会战》,中国文史出版社 2005 年版,第 185 页。

[11]《慰问台儿庄》,《大公报》1938 年 4 月 13 日。

[12]《慰问台儿庄》,《大公报》1938 年 4 月 13 日。

[13]《慰问台儿庄》,《大公报》1938 年 4 月 13 日。

[14]《光辉的战场(续)》,《大公报》1938 年 4 月 28 日。

［15］《鲁南运动战的经验》，《大公报》1938 年 4 月 23 日。

［16］《台儿庄血战故事》，《大公报》1938 年 4 月 18 日。

［17］《桂兵佳话》，《大公报》1938 年 3 月 19 日。

［18］《川军在山东前线》，《大公报》1938 年 2 月 9 日。

［19］《川军在山东前线》，《大公报》1938 年 2 月 9 日。

［20］《中原大战之前夕》，《大公报》1938 年 1 月 29 日。

［21］《川军在山东前线》，《大公报》1938 年 2 月 9 日。

［22］《川军在山东前线》，《大公报》1938 年 2 月 9 日。

［23］《安徽政治在好转中：以六安为中心的新局面》，《大公报》
1938 年 3 月 5 日。

［24］《慰问台儿庄》，《大公报》1938 年 4 月 13 日。

［25］《豫南皖西的新气象》，《大公报》1938 年 3 月 3 日。

［26］高天:《"国新社"的创建》，载范苏苏、王大龙主编:《范长
江与"青记"》，北京工艺美术出版社 2008 年版，第 497 页。

［27］高天:《"国新社"的创建》，载范苏苏、王大龙主编:《范长
江与"青记"》，北京工艺美术出版社 2008 年版，第 497 页。

［28］高天:《"国新社"的创建》，载范苏苏、王大龙主编:《范长
江与"青记"》，北京工艺美术出版社 2008 年版，第 497 页。

［29］于友:《长江与秋江之间》，载范苏苏、王大龙主编:《范长
江与"青记"》，北京工艺美术出版社 2008 年版，第 493 页。

［30］［31］［32］谷斯范:《回忆"国新社"与范长江》，载范苏苏、
王大龙主编:《范长江与"青记"》，北京工艺美术出版社 2008 年版，
第 519 页。

［33］范长江:《怎样学做新闻记者》，载沈谱编:《范长江新闻文集》新华出版社 2001 年版，第 1056 页。

［34］于友:《范长江的主要贡献》，载范苏苏、王大龙主编:《范长江与"青记"》，北京工艺美术出版社 2008 年版，第 489 页。

（作者范苏苏系中国青年新闻记者学会创始人和主要领导范长江之子，苗青系上海福寿园人文纪念馆人文研究员）

抗日宣传战场上的急先锋恽逸群

顾雪雍 / 口述　　顾祖年 / 整理

恽逸群（1905.1—1978.12），江苏常州人。1937 年 11 月，恽逸群与范长江、杨潮等共同发起成立"中国青年新闻记者学会"（简称"青记"），担任总干事兼秘书主任。在解放战争中，恽逸群先后担任华中《新华日报》、山东《大众日报》、济南《新民主报》总编辑、社长，兼任中共中央华东局政治秘书、宣传部代部长；1949 年 9 月，作为新政治协商会议筹委会新闻界委员，参与筹建中华全国新闻工作者协会（全国记协），任全国记协筹委会常务理事、第一届全国政协委员，参与起草临时宪法《共同纲领》；1949 年 9 月，任《解放日报》总编辑、社长兼《新闻日报》社长并兼华东新闻出版局局长、华东新闻学院院长、复旦大学新闻系主任等职。1978 年 12 月 10 日因病在南京逝世，时年 73 岁。恽逸群被誉为我国杰出的文化新闻界战士、马克思主义学者、近代史学家等。

国共两党报人携手开展抗日宣传

坚持了四个月的 1937 年上海"八一三"抗战，随着中国军队的西撤，枪炮声早已停息，燃烧了足足一个多月的上海南市大火的浓烟也逐渐消散。站在徐家汇路上，透过分隔法租界和华界的铁栅栏南望，昔日繁华的南市已是一片望不到头的瓦砾。空荡荡的马路上，稀零零的行人在寒风中畏缩地走动，骄横的日本兵荷枪巡逻，搜查、殴打行人……整个南市，不，整个上海四郊，笼罩在地狱般阴森恐怖的气氛中。上海英、法两租界已成为日军包围下的"孤岛"。

就在紧靠南市的法租界菜市路的信陵村的一幢普通石库门房子里，两位报界名人正在进行着严肃认真的讨论。两人都是当时上海销量占第一位的《立报》的负责人，一个是董事兼副社长吴中一，一个是主笔恽逸群。他们是同住一幢楼屋的邻居，又是倾心相交的好友。大革命时，恽逸群担任中共武进县委书记，吴中一是负责全县教育工作的共产党员；大革命失败，两人同遭反动派追捕，吴中一逃到上海，担任了中国最大的经济新闻通讯社——"新声通讯社"副社长，又和成舍我等一起创办了《立报》，恽逸群转战江浙两省，在白色恐怖中失掉和党的联系后，经吴中一帮助进入了新闻界。恽知道吴已和国民党的一些要人建立了密切关系，但思想开明，不忘和共产党的旧情；吴也觉察到恽仍在为共产党工作，两人继续保持着友谊，并在抗日的大目标下亲密合作。

现在两人面临着一个共同的难题：南市沦陷的第二天，上海日寇陆军报道部悍然命令租界的所有华文报纸，要每天把新闻送日方检查，否则将要"严厉对待"。英、法租界当局为了"保持中立"，也发出了同样的"劝告"。上海大多数抗日报纸宁为玉碎，作出了停刊或撤往香港或内陆地区的决定。在这紧急关头，是走还是留，所有报人都不得不迅速作出抉择。

身体魁梧、性格直率的吴中一开门见山地说："成舍我决定把《立报》迁到香港出版，在当前这种形势下也只能这样了。但上海向来是国民党的命脉所系，他是不会放弃的。国民党已派吴开先来担任地下市党部主任委员，军事委员会也派了蒋伯诚来当代表，新闻界的抗日斗争仍要进行下去的，我已决定留下来，你走不走呢？"

瘦瘦的恽逸群，沉思了一会，对老朋友坦然相告："沦陷区在扩大，共产党将发动大规模的游击战，实行剜心战术，敌后的任何根据地都不会轻易放弃，共产党也要把上海抗日斗争进行下去。上海五百万人民的心理防线，一定要坚决守住，我也决定不走了。我已写信给避难到安徽亲戚家的寒枫（恽的妻子刘寒枫），叫她带了孩子回来。"

吴中一停顿了一会说："上海的局势会越来越困难，我们可得小心应付！"恽逸群笑着说："死生由命，我个人是从不悲观的。大革命后我多次死里逃生，今后我想也能对付过去。共产党主张建立抗日民族统一战线，希望上海新闻界的国共两党朋友，能团结一致，打开抗日宣传的新局面。"

扩大抗日宣传阵地

恽逸群学识渊博、文思敏捷、观察深刻，早为新闻界所公认。《立报》发行量所以能超过老牌报纸《新闻报》《申报》，雄踞头把交椅，日销 20 万份，固然是《立报》同人的共同努力，而与恽逸群每天一篇评论，以鲜明的抗日立场，言人所不敢言，亦有直接关系。当"西安事变"爆发，敌寇压境，国民党却派出大军准备进攻西安，有扩大内战之趋势。全国报纸对国家前途几乎是一片悲观论调，恽逸群却独具慧眼，在评论中提出"西安事变"有和平解决之可能，并为后来的事实所证明，从而使他的评论获得了"彗星"的称誉。因此，《立报》一停刊，他就被刚创刊的美商《华美晨报》请去主持评论工作。

《华美晨报》是"七七"事变前就出版的《华美晚报》的姊妹报，都是美商华美出版公司的出版物，名义上是美国人当老板，实际老板则是原《大美晚报》广告部人员朱作同。原来朱作同看到美商《大美晚报》（中文）不接受国民党新闻检查所的检查，敢于发表真实消息，很受读者欢迎，于是抱着开创报纸企业的雄心，办起了挂美商招牌的《华美晚报》，以拒绝接受国民党的新闻检查。为了这件事，国民党中宣部部长邵力子还曾到上海和朱谈判，向其施加压力，而朱不为所动，国民党也无可奈何。上海成为"孤岛"后，大多数抗日的报纸停刊，朱认为是扩大事业的好机会，即在 1937 年 11 月出版了《华美晨报》来填补空白，和《大美晚报》一样不接受日寇的新闻检查。此举反映了朱的抗日立场和企业家的眼光。《华美晨报》应是"孤岛"时期第一张挂洋商招牌的抗日报。

与此同时,《大美晚报》美国老板史带,看到大多数抗日报停刊后,该报销路大增,每天晚间出版不到一小时就被抢购一空,也认为是扩展经营的好机会,即于1937年12月1日出版了四开小型日报《大美报》,成为"孤岛"时期的第二张洋商中文报。该报经营管理由美商负责,编辑部负责人则和《大美晚报》(中文)一样由国民党推荐,吴中一出任总编辑后,随即邀请恽逸群担任主笔,并兼该报《早茶》副刊编辑(两个月后改由作家柯灵担任编辑)。

到外地避难的夫人还没有回来,恽逸群每天一早就来到华美晨报社。据当时任华美出版公司管理处负责人的刘哲民同志回忆:"恽逸群经常从外面叫一碗油豆腐线粉汤或阳春面当早餐,匆匆吃完后就翻阅当天报纸,沉思片刻,开始撰写评论。排字工人在旁边等着,写完一张纸,排字工就拿一张去排印,一篇评论总是半小时左右就写完了。"

由于多数朋友已撤离上海,恽逸群只得自己执笔,为华美、大美两报提供大部分的评论,其余则约杨潮(中共党员,苏联塔斯社编辑)、王任叔(笔名巴人,中共党员)、戴湘云(曾任中共湖南省委负责人)等友人撰写。当时日寇军队不断深入内地,侵略气焰十分嚣张,武汉、徐州岌岌可危,许多人对抗战前途产生了消极悲观思想。恽逸群在评论中大力宣传共产党提出的持久战、游击战等战略方针,分析日寇捉襟见肘的人力物力,说明日寇必将淹没在中国人民的汪洋大海之中,鼓舞人们对抗战必胜的信心。对于日寇收买汉奸傀儡在上海、南京各地袍笏登场,恽逸群在评论中揭露日寇"以华制华"的阴谋，指出历史上秦桧、吴三桂之流投降派的可耻下场，宣扬坚守民族气节，使汉奸在群众中遭到唾弃。

抱着扩大抗日宣传阵地的目的，恽逸群又鼓励华美出版公司老板朱作同扩大规模，举办多种事业。在恽逸群的支持帮助下，华美出版公司又开办了《华美周报》，请王任叔任主编；出版了"华美非常时期"丛书，先后编印介绍八路军、论述抗日战略的多种小册子；开办了"华美广播电台"，每天详细报道抗战消息和商情。电台功率较大，成为了苏、浙、皖三省沦陷区人民获得抗日消息的主要来源，对鼓舞沦陷区人民的抗日意志起了巨大作用。随着朱作同的出版事业进入黄金时期（其间朱不断受到日寇和汉奸的恐吓威胁，终于在 1941 年惨遭暗杀），恽逸群还鼓励支持吴中一恢复停办的大中通讯社，使它成为又一支抗日宣传劲旅。

在舞厅中策划宣传战

日寇在中国大陆的战线不断扩大，日本无力他顾，不愿开罪英、美、法等国家。挂洋商招牌的抗日报纸，正是利用这种国际形势，有效地抵制了日寇的摧残和压迫。这一情况，大大鼓舞了留在"孤岛"上的抗日报人，大家群起仿效。1938 年 1 月，中共地下党出版了挂英商招牌的《每日译报》，接着有挂英商、美商招牌的《文汇报》《导报》《大英夜报》《申报》《新闻报》《大晚报》《循环报》《中美日报》《正言报》等报先后问世，"孤岛"成了洋商报的天下，抗日宣传队伍迅速扩大。在这支队伍中，恽逸群以其抗日的坚定立场、卓越的文才、善于团结应付各方人士的统战工作的特长，得到新闻界各种政治观点人士的信任和好感，而俨然成为"孤岛"新闻界的中流砥柱。他被推选为有广泛基础的上海新闻界联谊会理事兼秘书，他先后担任《译报》《导报》总编辑和主笔，为这两张报纸和《华美晨报》《大美报》组织全部评论，为《循环报》等组织部分评论。可以说他指挥着"孤岛"抗日宣传战线上的主炮阵地。从他这里，每天发出的不是一颗炮弹，而是一排排炮弹，沉重地打击着日寇和汉奸的反动宣传，大大鼓舞了"孤岛"人民的抗日精神。

一个人同时为四家报纸写评论（即使不是全部也是大部分），这在中国新闻史上是空前的。没有过人的精力，敏捷的文笔，渊博的学识，根本办不到。恽逸群一般在午餐后开始翻阅报纸，一边和家人谈论家常，和孩子玩乐，显得若无其事，实际上他正在构思着一篇篇评论的题材和内容。人们常说"心无二用"，长期的新闻工作实践，他却锻炼出"心有三用"的特殊本领。他在《立报》时，有时一面写评论，一面和来客谈话，一面接电话交谈，三件事同时进行。晚间七八点钟，一家家报社的工友陆续到他家来，取评论回去付印，恽逸群叫他们稍等，展纸提笔疾书，一根根接连地抽着香烟，往往半小时左右写好一篇，真是"倚马立待"。他住所狭小，全家住一间房，吃饭、睡觉、写作、会客都在一间房里。有时他写作时，几个亲戚来访，和他妻子闲聊谈笑，亲戚们问他是否妨碍他工作，他笑着回答："不妨事，你们就是敲锣打鼓，也影响不了我。"精神专注，不受外界干扰，因此工作效率极高，这种记者的杰出本领，成为新闻界的美谈。

大批洋商报的出现，每天需要大量评论，除各报有主笔和特约撰稿人外，国民党为了统一各报的言论口径，控制舆论导向，在上海组织了一个秘密的写作班子——"正谊社"，为国民党系统的报纸供应评论稿。共产党为了宣传党的方针政策，也采取相应的措施，虽然没有固定组织，但以恽逸群为首，团结了一批进步作者，为和党有关系的报纸供稿，有时还发送苏商《时代》杂志、苏联塔斯社、香港和东南亚的华侨报纸。

那时中共上海地下党负责人刘少文经常和恽逸群晤面，讨论宣传工作。他们二人经常晤面的地方，是爱多亚路（今延安路）成都路附近的浦东同乡会里的璇宫舞厅。后来璇宫舞厅停业，碰头又常在南京路新新公司楼上的云裳舞厅。这两家舞厅，都是积极帮助党做地下工作的蒋介石女婿陆久之经营的事业，而陆久之的主要事业，则是担任《华美晨报》的后任社长（众多的洋商报出版后，原来畅销的《华美晨报》销路受挫，收支由盈变亏，朱作同无意经营，经恽逸群从中撮合，1938 年后盘顶给陆经营）。在乐声悠扬、舞影婆娑的舞厅里，刘少文和恽逸群隐没在闪烁、幽暗的灯光里，轻声地交谈。人们只以为他俩是一对常来的舞客，哪知道他们正在谈论国内外形势，研究如何宣传贯彻党的方针政策。有时恽逸群带来他或别人撰写的评论，他俩就由陆久之引入舞厅的密室，在喝咖啡或吃饭时，由刘少文审阅。参加晤谈的人，有时还有金学成（《华美晨报》经理）、陆久之、戴湘云等。在中共的直接领导下，恽逸群把中共的声音、主张，通过一篇篇文章，渗入到"孤岛"五百万人民的心坎中。

日寇开始屠杀抗日报人

对汹涌如潮的抗日宣传，日寇自然恨之入骨。日方一面要求租界当局取缔反日言论，一面在1937年底开办了汉奸报《新申报》，宣传"中日亲善""共存共荣"。同时收买利用一些变节文人，在《生活日报》《晶报》等灰色报纸上，以悲天悯人的腔调，唱出"反对无谓牺牲"的投降曲子，上海的宣传战由此变得复杂、尖锐。日寇原来指望汉奸报、灰色报能帮上忙，却没有料到抗日宣传是如此深入人心，《新申报》无人购买，灰色报也遭到读者鄙弃。日寇采取种种卑劣手段推广汉奸报，如收买报贩，在叫卖报纸时喊："新申报、老申报"，把汉奸报的报名放在一切抗日报的前面，并对商店、住户进行强卖强送，却依然难以改变汉奸如"过街老鼠"之遭人唾骂鄙弃的局面。反动宣传失败，日寇恼羞成怒，决心对抗日报下毒手。极司斐尔路（今万航渡路）76号特务魔窟的几百名汉奸特务，从此大显身手。1938年1月、2月，华美晨报两次被特务投掷炸弹；2月、3月，文汇报两次被炸，大美报、大美晚报也同时受到炸弹袭击，先后被日伪特务暗杀、绑架的记者、编辑、主笔、经理等约有40人，许多报社职工倒在血泊之中，上海抗日报界从此被推入血腥恐怖的黑暗时期。

作为抗日宣传急先锋的恽逸群，自然是日寇汉奸必欲除之而后快的对象。日寇向租界当局提出要求逮捕12名新闻界人士，恽逸群赫然名列前茅。虽然租界当局并没有接受日方的无理要求，但肆无忌惮的侵略者无所不用其极。《社会日报》主人蔡钧徒被杀，头颅被悬挂在法租界萨坡赛路电线杆上；《华美晨报》《文汇报》分别收到装有血淋淋人手的礼品盒；一些记者、编辑收到了附有子弹的恐吓信……为了自卫，许多报社门口筑起水泥碉堡，装上了道道铁门，玻璃窗上加装了铁丝网罩，雇请众多巡捕在门口持枪把守，盘查来人。许多报社重要人员都搬进报社居住。所有报社都像是一座座武装堡垒，森严恐怖的气氛是世界新闻史上没有过的。恽逸群的妻子担心丈夫的安全，恳求他说："你还是搬进报社去住吧，住在家里很危险，叫我们担惊受怕！"恽逸群自恃有长期从事地下工作的经验，安慰妻子说："你尽管放心，我自会当心！"他开始经常变换衣服，有时西装，有时长袍，戴上黑眼镜，把礼帽的帽檐压得低低的；出门也总是选择不同的路线，常像猫一样，溜出家门，进入住所对面的一家裁缝铺，从后门穿出，进入另一条马路上的又一个里弄……这种情况，一直延续到"《导报》评论事件"的发生。

在全国最早揭批汉奸汪精卫

所谓"《导报》评论事件"，是指 1938 年 11 月 24 日、25 日，恽逸群在《导报》上发表的《异哉汪精卫之言》的评论。国民党内仅次于蒋介石的第二号人物——国民党副总裁汪精卫，作为亲日派的头子，在抗战开始后一再散布"战必亡"的悲观论调，发表妥协求和的卖国言论，破坏抗战阵线。1938 年 10 月，日寇攻陷广州、武汉，向湖南长沙进逼，蒋介石张皇失措，下令在长沙城放火。长沙全城房屋片瓦无存，几万人民流离失所，日军却并未进攻长沙。此常引发普遍的不满。汪精卫利用这一军事失误借题发挥，发表《为什么误解焦土抗战》一文，别有用心地宣称抗战前途已经绝望，坚持抗战是"不负责任"。恽逸群从汪精卫的历次言论中识破汪的恶毒居心，发表了《异哉汪精卫之言》的评论，指出"只有日本军阀和汉奸王克敏、梁鸿志等曾经用这种字句诬蔑过中国的抗战"，"难怪使人怀疑汪先生在代替日本军阀和汉奸作'栽赃'的工作"，并一针见血地指出汪的言论实质是"反对抗战"。这篇文章，是全国报刊上第一次公开揭露汪精卫汉奸嘴脸的文章，一经发布便引发了强烈反响。重庆方面获悉这一情况后，国民党中宣部部长周佛海大为震怒，一面致电上海地下国民党首脑，指责该文"曲解国策，自误误国"，反诬作者是"汉奸"；一面又要求上海国民党军统、中统人员调查作者是谁，责令给予"制裁"。

恽逸群得到密报，知道国民党和日本人都要对他下毒手，便即迁避到好友杭石君（原《新闻报》记者，后来挂牌当律师）家。杭家住在法租界卢家湾总巡捕房对面，有法巡捕日夜巡逻，并且杭本人又是青帮头子黄金荣的得意门生，国民党特务不敢到那里动手。恽逸群在杭家隐居了半个月，后来又和家属一起秘密搬迁至附近的一幢公寓。虽然一直闭门不出，和外界断绝往来，恽逸群一天也没放下战笔，仍然每天写出一篇篇评论，由笔者前去拿取，送到各个报社。

《异哉汪精卫之言》发表不到一个月，汪精卫就逃离重庆，在越南河内发布了臭名昭著的"艳电"，响应日本首相近卫文麿的《调整中日关系三原则》，揭掉伪装，正式当上汉奸。恽逸群料事如神的洞察力，无所畏惧的胆略，受到新闻界同声赞佩。他的这篇文章，使他再一次获得"彗星"的称誉。（周佛海不久也逃离重庆，到上海投靠日寇和汪精卫。）

这里还要补叙一段插曲：原来恽逸群写好这篇文章，排成小样，按照惯例送一份给《导报》的挂名董事长、英籍人雷纳。雷纳因该报不断发表抗日言论，已多次受到租界当局告诫。他通过翻译了解这篇文章的内容后，气势汹汹地说："赶紧撤掉，不能发表！"恽逸群叫翻译严正地告诉他："违反上海五百万人民心愿的事，你还是少做为好！你要想想，你原来不过是一个保险公司的跑街，现成了董事长，能够带着新娶的白俄太太，到豪华的法商俱乐部去参加茶会，寻欢作乐，你靠的什么！不是靠的我们抬举你吗？你不要太不知足了！"雷纳想到他的高薪和地位，不知会不会忽然变成泡影，踌躇起来了；他到编辑部、排字房各部门听取了一圈意见，大家众口一词，坚决要求发表，他气懦了，灰溜溜地走出报社。这篇在全国产生巨大影响的文章，终于付印发表了。

不过，恽逸群也因为这篇文章受到了一点打击。彼时《导报》总编辑病逝，报社老板原已决定请恽逸群继任，却受到上海国民党负责人的反对，报社老板不得已，只得请恽逸群改任主笔。至于国民党特务对他的生命威胁，由于汪精卫的公开叛国投敌，总算暂时解除了，恽逸群和家属又搬回到他们的旧居。

坚守抗日阵地宁死不屈

不久汪精卫潜来上海，积极筹备"还都南京"，登基当儿皇帝。为了培植党羽，发展势力，他用日本主子给的活动经费，在上海成立"和平运动促进会",租下南京东路三开间门面楼房开办《中华日报》,又出版杂志刊物,不遗余力地进行"和平"宣传。上海新闻界抗日、投降两个阵营,壁垒分明,白刃相持,斗争更加激烈。恽逸群写了大量评论,揭露"和平运动"为侵略者效劳的本质,宣传团结抗战必然胜利的道理。还在《译报》上连载毛泽东的《论持久战》,并在《译报》《导报》《文汇报》等多家报纸上共同发起"节约献金"运动,支援全国在战火中受难的同胞。上海人民踊跃捐输,连人力车夫也拿出血汗钱,不多天就筹集70多万元巨款,并通过这一运动,进一步激发了上海人民的抗日热情,多个民间社团不断举办抗日歌唱会、搬演抗日话剧,甚至组织2000多名青壮年难民,送往新四军等部队参军。抗日报纸宣传组织工作所产生的巨大威力,使汪精卫的"和平运动"显得渺小无力。死心塌地当汉奸的汪精卫震怒了,他成立了以李士群、丁默村为首的"特工指挥总部",要用恐怖手段为"和平运动"扫除障碍。

恽逸群的处境更危险了。他接到了恐吓信,威胁他如再发表抗日言论,定将"以武力制裁之,炸弹与枪弹并来……不为言之不预也"。妻子为之惊恐,劝告丈夫赶快离沪。这时正好恽逸群接到新加坡《南洋商报》友人来信,邀请他去担任该报主笔,愿给每月300元新加坡币的高薪(折合当时法币1300元,为他当时工资的3倍)。妻子也恳求他说:"这是个最好的机会,可避免特务的暗害,你就决定走吧!"恽逸群却坚决地说:"不到最后关头,我是不能走的。我一走,这些报纸怎么办!"妻子对他一再拒绝劝告,终于发怒了:"你不要钱,也得要命啊!你不为自己考虑,也得为我们考虑啊!你不走,我就带孩子回乡下去!"恽逸群和婉地说:"你别怕,特务也不过是恐吓恐吓罢了。被特务吓倒，我们还当什么新闻记者！前线有千千万万的士兵在打仗，他们怕吗？我们也是在打仗啊！……"和丈夫长期安危与共的妻子，怎么会忍心抛开丈夫独自去找安乐窝？恽逸群坚决不走，妻子也无可奈何了。

抗日报纸的处境越来越困难。在日寇压力下，1939年5月，租界当局以"宣传抗日，言论激烈"为名，勒令《每日译报》《导报》《文汇报》《大美报》停刊一周。这些日子里，恽逸群和几家报社同人经常晤面，讨论形势和对策。大家心情沉重，对报纸的前途十分担忧，恽逸群则以沉着坚定的态度发表自己的意见："今后的局势固然会更严峻，但不能办大报，我们就办小报；不能办日报，我们就办刊物；一切都不能办，就办壁报。我们决不屈服，要纠缠如毒蛇，执着如恶鬼，和敌人斗下去，我不相信中国人不能在中国土地上说话！"

在四家报纸被迫停刊的时候，恽逸群仍没有放下笔来。几天后租界当局又在日寇压力下，宣布紧急戒严，断绝交通，挨户搜查，名为"搜查恐怖分子和军火"，实际是搜捕抗日分子。全市人民为之惶惶不安。恽逸群又提笔给没有停刊的报纸写了《炸弹五百万》的评论，指出："租界要搜炸弹，我们保证永远搜不完，因为租界上的炸弹有四百几十万，这些炸弹全藏在最秘密的地方，这就是藏在每一个中国人的心里，心里的炸弹是永远搜不完的……"

夏衍笔下的抗日英雄

就在"孤岛"最黑暗的时期，《救亡日报》社长夏衍同志为探视留沪的亲人，从桂林偷偷潜来上海，和恽逸群等一些故友晤面。夏衍了解到抗日报人舍生忘死、英勇奋战的可歌可泣的事迹，为之十分感动。不久回到桂林后，夏衍写了名为《心防》的剧本，反映"孤岛"新闻文化界抗日斗争的情景。剧中主人公刘浩如，就是主要以恽逸群作为原型创作的。

这位"刘浩如"在报社任主笔，他带着妻子、女儿坚持在"孤岛"奋战，撰写抗日救国的时评；他纵横捭阖，深得一切爱国同志的拥护；他在敌伪追缉的情况下，怀揣遗嘱，随时准备牺牲，和敌人进行着"韧性的战斗"。

夏衍同志曾说他写这个剧本的动机，是因"无法禁抑我对他们战绩与命运表示衷心的感叹和忧煎"，是表达他对战友的"感慕和忧戚"（见夏衍《别桂林》）。的确，各地战友对恽逸群的处境很忧虑，不是没有根据的。1939 年 5 月下旬恽逸群主持的《导报》被特务投掷炸弹，几天后，上海地下党领导紧急通知他："日伪特务马上要动手暗杀一批新闻记者，你的名字排在黑名单的前列。为了你的安全，党决定你立即离沪，到香港工作。"

尽管还想在上海坚持战斗下去，但党的坚决命令，恽逸群不能不接受。1939 年 6 月上旬，他乔装打扮成商人模样，带着妻子女儿，悄然登上"克里扶兰"号外国邮轮，和战斗了多年的上海依依离别。

恽逸群抵香港后，受周恩来任命担任国际新闻社香港分社社长，继续从事抗日宣传和中共对国内外民主人士的统战工作。

恽逸群撤离上海后，梅益同志（新中国成立后任中央人民广播电台台长和中国社会科学院党委书记）等一批中共党员继续主持《译报》，冒着生命危险坚持战斗。上海国共两党报人团结一致开展对日宣传战取得辉煌胜利，完全压倒了日寇汪伪的反动宣传，鼓舞上海人民一直保持着昂扬的抗日精神。这个可喜局面持续了四年，直至1941年日寇发动太平洋战争，武力占领上海租界才告终结。

　　（本文系顾雪雍2015年病重期间口述之作。顾雪雍为恽逸群外甥，早期中国"青记"会员，"孤岛"时期国际新闻社上海分社记者，时年95岁老报人，著有《奇才奇闻奇案——恽逸群传》等书）

在"青记"的旗帜下成长

——记石宝瑚的"青记"生活

席 丹

石宝瑚，笔名石燕，最早参加"青记"成立大会的会员之一，是"青记"事业的积极参与者。在"青记"的统一组织下，他与"青记"会友们一起并肩战斗，在极其艰苦的条件下出色完成了许多采访任务。

"青记"是新闻界爱国进步的光辉旗帜，是广大青年记者投身抗战的归宿与堡垒。石宝瑚以《重庆新蜀报》特派记者的身份加入"青记"，在"青记"旗帜引领下，他不断地发展自己、提高自己，从武汉勇敢地走向民族解放的前线。

在"青记"统一领导下的新闻工作

前往徐州前线，是"青记"武汉召开一大后的第一次集体行动，这次行动在"青记"历史上具有里程碑的重要意义。80年前的这次赴抗日救国一线采访的行动过程，给石宝瑚和很多"青记"成员都留下了终生难以磨灭的深刻印象。

叁　后代记忆

赵悔深先生是"青记"的早期会员，也是当时赴徐州前线采访的成员之一。他在《台儿庄前线采访的回忆》一文中记录了徐州碰到石宝瑚等"青记"成员的经过：

当时的徐州，充满大战胜利后的欢乐气氛。人群熙来攘往，满面笑容，大小商店照常开门营业，社会秩序井然，满街都是庆祝台儿庄大捷的标语，庆祝的锣鼓声不绝于耳。我们下榻到一个名叫"朝阳旅社"的旅馆里，立即遇到从全国各地大报派来的记者，不少是久已闻名而未相见的，见面十分亲切。其中有《大公报》特派记者范长江、新华社特派记者陆诒、《新闻报》特派记者高天、中央社特派记者曹聚仁、《和平日报》记者张剑心、《武汉日报》记者韩清涛和周海萍、《华西日报》石宝瑚等等。大家笑着说，这次徐州大会战，把我们的笔杆子也调到一起来了，真是机会难得！有人说，一支秃笔胜过十万毛瑟，我们的笔杆子拧成一股绳，也会使敌人心惊胆跳吧？大家互相鼓励，相互关心支持，使我们一点也不感到陌生和孤单。

能够亲身参与到民族解放的斗争中，能够以笔为枪，在血和火中为了国家生存奋力抗争，这样的心情让赵悔深和石宝瑚这些"青记"记者壮怀激烈，兴奋不已。而能够在炮火交加的前线遇到故交，更让他们惊喜不已。赵悔深在《突围前后》一文中回忆了和石宝瑚战火中重逢的喜悦：

下午，蒋旅长对我们说今夜大约无论如何要跟敌人接触，他们这一师，担任×翼，他们这一旅又是×翼的先头部队，他说为了安全，很愿意我们都到军团部去。旅部和军部，只隔二三里，过了小河，就望见村落。进村梢的时候，入眼便看见《新蜀报》记者石宝瑚君，我们是聚而又离，离而又聚了，相见时的愉快，真是不可言喻。接着又看见许许多多在徐州熟悉的朋友，大家都神色愉快的仰卧在绿树下，相互叙述此次脱险的经历，当我告知他们说杨楼一干朋友被冲散的时候，大家都非常忧念。

石宝瑚在战地通讯《突围三百里》一文中也写到了他和新闻同行冒着敌机夜袭后见面的情景：

十四日这天晚上我同张剑心君见到了长江的通知，遂一同到关××先生的军部，在这里会见了十几个新闻界同业，大家都是准备即日离开徐州。关先生不惮麻烦，慨然允许护送我们西去。当地经过两度夜袭警报之后，我们十几个同业乘一部卡车驶向陇海车站。到站后，得悉李庄铁桥被敌人炸毁，桥下有敌坦克车潜伏监视不得修理，致交通不能恢复。因此徐州附近七十二辆机车几百辆车皮终于最后的一日忍痛炸掉了。由车站转回军部。皎洁的月光代替了被毁熄灭了的电灯。在月光下活动还要担心着敌机的夜袭。军部改变了计划，用汽车送我们到徐西三十里的大河寨然后随军部徒步前进，另派两连特务队保护着我们。有黄政训处长和吴参谋长陪我们西去。午夜中汽车开动了。除长江、黄薇、叶炯三人暂留军部外，同行者十二人，大家在车上成立了一个临时的组织。徐州就这样和我们轻轻地告别了，明天的徐州又不知怎样！

清晨五时，我们的队伍徒步西行，两小时后抵郝寨。军部在此危急时际，仍以最优厚之待遇款待我们，衷心实觉不安。于郝寨车站遇政治部抗敌剧团。他们是两日前乘火车离徐州，因阻于李庄之敌，正在徘徊于徐州郝寨之间，进退不得之际，中途相遇，倍觉亲热。他们原有七支步枪两支手枪，系司令长官部发给他们的俘获品。依他们的计划，拟单独突围，倘遇敌人即与之一拼。自遇我们之后，便放弃了这个计划，决定共同行动。另有某军战地服务团四个青年朋友，也临时参加了我们的队伍。战地服务团中的小文，是一个纯真热情的少女。在鲁南战地，为滇军士兵写了无数的家信，由她很珍贵的带在身边，自己一切东西都抛弃了，而这几十封战士的家书，在她视为生命一样，时时刻刻担心着它们有失落的危险。她时时忧虑地说："我们出不去不打紧，这些信寄不出去可怎么好呢！"

根据史料记载，徐州会战期间，有中央社的曹聚仁、《大公报》的范长江、《新华日报》的陆诒、归国华侨记者团的女记者黄薇、美国合众社的爱泼斯坦、荷兰记录电影摄影师伊文思，包括赵悔深和石宝瑚等中外记者 50 余人汇集徐州。中国青年新闻记者学会（即"青记"）组成了"徐州战区青记分会"，成为团结战地记者活动的中心。在范长江的记录中，也留下了和石宝瑚并肩战斗的回忆。《范长江传》一书中这样记载：

163

长江决定派出记者以国际新闻社（即"国新社"）特派员的名义赴战地采访。这时陆诒已在鄂东、赣北前线采访。长江决定高天、石燕赴幕阜山等地采访。因此，"国新社"在长沙正式成立以前，已经在组织工作上和采访工作上展开活动。高天同志在徐州会战时，即参加长江所领导的"青记"活动，从现在开始，为"国新社"工作，成为"国新社"的骨干力量。

在徐州前线，在幕阜山脚，石宝瑆不顾生死，不畏艰辛，穿梭在前线的枪林弹雨中，哪里有新闻就往哪里跑。当年石宝瑆留下了一张照片，上面的他一身戎装，腰里别着一支手枪，他告诉同行：他已经做好了随时殉国的准备。

1938 年 4 月初，徐州会战的序幕台儿庄一战大捷，战地记者们迅即发出电讯和目击现场的战地通讯，武汉各报或发社论，或出号外庆祝胜利。5 月中旬，为避免在不利条件下与敌决战，中国军队撤出徐州，记者大部队分几路随军撤离，石宝瑆身在其中，历尽千辛万险突围回到武汉。

1938 年 10 月 24 日武汉沦陷，石宝瑆继续积极投身于"青记"的其他活动中。1938 年 9 月，在中国共产党的指导下，范长江以中国青年新闻记者学会的骨干为基础，在武汉筹备组建成立了"中国国际新闻社"。同年 10 月 20 日"国新社"到长沙建社，11 月 27 日在桂林设立总社，在重庆、上海、香港及洛阳、金华设办事处、分社或通讯站，成为全国性通讯社，向国内和海外报纸发稿。在"国新社"筹备创办期间，石宝瑆一直是骨干力量。

据《范长江传》回忆：

> 成立之初的"国新社"，实际人员很少，除长江外，只有总编辑黄药眠、编辑任重、记者于友。于友、任重两同志从这时开始，担负"国新社"的工作，是"国新社"的骨干力量。当时，邵宗汉以国际宣传处专员身份参加工作。其他如高天、石燕、陆诒、秋江、陈楚等同志都是"国新社"的骨干，但他们身兼其他报社工作，经常在外。

除了承担"国新社"创办初期的大量工作，国难当头，石宝瑚一直没有放下手中的"笔枪"，积极要求再上前线，到抗战杀敌的战斗一线去采访。1938年，范长江给当时国民党宣传部的曾虚白写的信中提到了石宝瑚等"青记"会员赴前线采访的经过：

> 然而我们为抗战宣传工作计，为先生信用计，为我们工作信用计，在万分困难中，仍设法开展工作，在我们桂林社址还未找定之时，大家还在旅馆睡地板，即已派出三个采访队：于友入湘鄂赣；陆诒、任重、高咏、叶厥孙赴广东北江及东江；石燕、高天赴西江。

石宝瑚不畏生死，坚决抗战的坚毅身影也给很多当时的"青记"会员留下了深刻的印象。"青记"早期会员高天在战地通讯《幕阜山区行》中有这样的记载：

1938年武汉弃守前夕，我和《新蜀报》石燕（石宝瑚的笔名）一起，赴江南战场幕阜山区作半个月的旅行采访。这里是湘鄂赣边区，包括湘东北角的平江，鄂南德通城、崇阳、大冶、阳新和赣北的修水、武宁等县。

另外在高天的一篇《梧州的战时风采》的文章中，他讲述了和石宝瑚结伴上前线的经过：

大约是1939年的11月底，按照"国新社"的要求，我和彭世祯、石燕三人结伴，前往西江前线采访，活动中心定在广西出入口总枢梧州。

在"青记"的统一组织下，石宝瑚和"青记"战友们废寝忘食，白天采访，晚上整理资料，他们一起热情讴歌中国人民的正义战争，赞颂浴血奋战的中国英雄；同时以笔为枪，无情抨击日本军国主义的邪恶，鼓舞了更多中华儿女抗日救亡的斗志。

在"青记"精神指引下的记者生活

云龙山位于徐州市城南，又名石佛山。云龙山名字的来历，《志》云："山出云气，蜿蜒如龙，因名。"[1] 云龙山既有自然风光，又有人文景观。对于战时"青记"的会员来说，云龙山是一段关于战斗、青春和友谊的难忘记忆。

著名华侨女记者黄薇回忆，1938年4月她到武汉，时值徐州会战在激烈进行中，武汉新闻界组织了"战地记者团"，她也投身其中，奔赴徐州前线。到徐州后的第二天，她参加了在云龙山公园举行的"中国青年新闻记者学会第五分会"的成立大会，碰到了石宝瑸等很多"青记"的战友。

石宝瑸在徐州突围的战地通讯中也记叙了这段往事，"四五天来云龙山麓常常聚会着许多新闻界的青年朋友，大家利用这躲避着警报的时间，座谈些有益的问题，青年记者学会也曾在空袭警报中开过两次会议"。盛成的日记还记载了在"青记"精神引领下，更多成员团结合作，共赴国难的精神状态：

卅日，上午九时，中国青年新闻记者学会徐州分会筹备会在云龙山下一家风凉的茶楼上，聚集一群战地记者开会，一个战地座谈会，到有石宝瑸（重庆新蜀报）、曹觉民（重庆国民公报）、长江、高元礼（大公报）、陆诒、戈矛（新华日报）、张剑心（扫荡报）、顾延鹏（新生中华杂志社）、俞创硕（良友杂志社）、汪止豪、洪雪村（动员日报）、龙炎春（华侨战地记者通讯团中华晨报）等十二人。他们都感觉到紧密的团结是不可少的。互相帮助，互相批评，加紧自我教育，交换工作经验，讨论写作方法，人人笑容满面，对于敌机的空袭，似与他们无关，并决定五四纪念日召开成立大会。负责筹备人为洪雪村、张剑心、高元礼。下午六时我偕苏芗雨欢宴司令长官部及动员委员会诸负责人员。

翻阅中国新闻史料会发现，武汉汉口江汉路的长春里 5 号常常被人提及，因为那里有一个温暖的"记者之家"。"青记"在这里租了几间房子，抗战初期，中国各路战地记者常在这里歇脚。

"记者之家"负责接待从前线回来的战地记者。大家在一起交流经验、写稿子、发电报，取长补短，互相合作。长春里原是一个妓院，环境复杂，但"记者之家"和它的成员们却不以为意。陆诒、高天、徐盈、胡兰畦等人都曾待过。后来长沙、重庆、桂林等地也都仿照武汉设立"记者之家"。1938 年，石宝瑚也在汉口的"记者之家"生活过，当时生活很清苦，但是大家都很热爱这个温暖的家园，各种快乐的生活笑料成为他们创作的灵感。有一次，石宝瑚正患腹泻，《大公报》记者徐盈和他是好朋友，为了打趣他，也为了纪念"记者之家"的生活，特地写下了一首打油诗《谒"记者之家"》：

> 又走到记者之家，记者之家生意兴隆，容光焕发。
>
> 碧星（陈碧星）闪烁于上，宝湖（石宝瑚，正患腹泻）堤决于下，药眠（黄药眠）大师使用法宝蒲拉托（药名）。乃见——高天（亦指代记者高天）共长江（范长江）一色，有绿椅（陆诒）一架正向西出发！

"青记"当年定下了"集体生活、集体工作、集体学习"的基本精神。"记者之家"让更多人生活在一起，也团结在一起。在风雨飘摇、生死未卜的战争环境中，这个"记者之家"的集体就是很多"青记"记者心中一个温暖的梦。这里不仅有着难得的安宁，能够在战火中"放下一张平静书桌",还有着更多让人感动的集体友谊和归宿感。1939年,已置身广西广东两江前线的石宝瑚在文章《西江到北江》中记载了对这段生活的感受:

> 根据中国青年新闻记者学会的"集体生活、集体工作、集体学习"的基本精神,我们这三个会友组成的"轻快支队",在行动和工作中建立了"每周生活检讨会",当天,恰好是会的周期,我们便在舟行羚羊峡的时候,举行了这一周生活检讨。会后,舟已出峡谷,异常苍茫,克生和紫瑜以唱歌聊解风雨孤舟上的苦恼,我则担当对外警戒,准备遇万一的场合,身边手枪决对任何袭击加以抵抗。

为"青记"的发展贡献智慧与力量

石宝瑚不仅为"青记"的发展做了很多细致的工作,他还勤于思考,为"青记"的发展积极建言献策。

1938年8月,他在洞庭湖前线给"青记"总会写了关于"三个工作路线"的一封长信,提出"目前学会应需制定三个工作路线的基本原则:第一,学会的日常工作要和战时工作紧密地联系起来;第二,要加强会员的自我教育;第三,要贯彻民主集中的组织精神"的工作建议。这封信的内容得到"青记"的积极回应,还将其刊登在了1938年10月10日的《新闻记者》第6—7期合刊上。

除此之外，石宝瑚还写下很多关于中国新闻事业发展的真知灼见的文章，如《立体化的战地采访》《新闻工作的转型期》等。他在《立体化的战地采访》一文中提出：

> 我们采访的领域，要由单纯的军事部门的一面扩大到全面，要由军事部门的全面，扩大到与抗战有关的政治部门、经济部门和社会部门。一个战地的新闻工作者，对于一个军事问题的研究，必须和政治经济社会诸问题联系在一起，一次较大的军事失败绝不是单从军事问题的本身上可以找到原因的。求得一次以至于全面的抗战胜利，必须要依赖军队本身各种条件的优越，以及它背后政治机构之改善，生产力的提高，交通运输的迅速，人民生活状况的改良，民众动员和武装力量的加强以及除奸组织的严密等，才有保证。一个战地的新闻工作者就应当在战区里普遍地观察研究调查这些情况，选择各种题材，根据充分的事实，与军事问题联系或单独地提出建设性的批判的意见，忠实地指出其长处或缺陷与弱点。

他在《新闻工作的转型期》一文中提出，"新闻工作的'游击战'与'阵地战'相配合，在敌人前后左右，到处布置起'笔的托其卡'，便是现阶段新闻工作的新方向"。这样一些文章，引起了当时新闻界认识的广泛重视，并被《战时新闻工作人员入门》等录入教科书，用于培训抗战时期的新闻记者。

石宝瑚的新闻理论研究获得了新闻同行的充分肯定。据《桂林文化大事记》记载：

> 1939 年 7 月 16 日，中国青年新闻记者学会桂林分会在该会举行第二次学术研究会，研讨如何改进采访工作，由廖沫沙讲"采访工作技术论"，石燕、秋江、于友等人报告"抗战两年来采访工作之检讨"，并提出"今后如何推进采访工作"等问题。8 月 22 日，中国青年新闻记者学会桂林分会又举行第三次学术研究会。

个人的成就在石宝瑚看来只是沧海一粟，微不足道。他心里始终挂怀的是如何为抗日救亡鼓与呼，为国家民族的生存贡献自己的一份热血力量。"青记"就是他施展的大舞台，对于"青记"的每一项工作，不管是大事还是小事，他都兢兢业业、勤勤恳恳。

"国新社"成立的时候，石宝瑚是创始人之一。谷斯范在《雨丝风片录》中回忆了这段珍贵的往事——

> 建立"国新社"的筹备会议在武汉愈之同志所住旅馆召开，除他们两人之外，出席的有徐迈进、孟秋江、石西民、高天、胡兰畦、石燕等。未参加会议而同意为发起人的有陆诒、陈农菲、邵宗汉、刘尊棋、刘良模、范式人、陈楚、金仲华、黄药眠等。根据愈之的主张，沿用创办生活书店的方式，用生产合作社的原则组织起来。社员分为两种：一种是专职的，由社负担生活费用。另一种是兼职的，缴入社费 50 元，按期为社写稿。所有社

员必须在政治上赞成抗日和民主，积极支持"国新社"的工作。

据梅可华在《一支在抗战烽火中诞生的新闻队伍》中回忆：

同年（1938年） 10月间，曾虚白、范长江、胡愈之、刘尊棋、邵宗汉、孟秋江、陆诒、徐迈进、陈农菲、刘良模、范式之、陈楚、金仲华、胡兰畦、黄吉、石宝瑚、高天等十七人为创始人，创办了国际新闻社，受中共中央南方局直接领导。

不仅谷斯范对这些"青记"人印象深刻，唐勋先生在《桂林国新社支部的片段回忆》中也同样记忆犹新——

我进"国新社"时，它正走向兴盛。长江在环湖路一幢房子的二楼租到几间房子，社内专职社员已增加到将近20人，设有编辑部、采访部、经理部，工作机构运转很有秩序，很有效率。本社除初创上述长江等6人外，我记得还有孟秋江、李洪、石燕、吴绿英、叶厥荪、王坪、杨人鸿、唐海、吴承德、彭世桢、田培方、计惜英、姚国华、谷斯范、汤轰振、陆青，随后而来的有：张铁生、黎澍、杨赓、林珊、姚琪、施平、朱汉民、骆何民等。这时，全国（包括香港、海外）已有许多新闻工作者、文化工作者团结在它周围为它写稿。一方面，稿源充足；另一方面，订户增加。这样，"国新社"的业务就迅速发展起来。

当年，"青记"成员和千千万万热血的中国人一起，毅然投入到伟大的抗日战争中。如今那一段峥嵘岁月已成为历史，当年奔忙在连天炮火中的青年，如今也已变成了一个个渐渐远去的身影，但他们曾经的战斗经历，却被历史铭记。

在"青记"的事业中发展自己

石宝瑺在《新蜀报》上发表的署名通讯文章最早的一篇是1938年2月5日的《战时的武汉》，最晚的一篇是1939年8月16日的《广州北线缩写》。在这一年六个月的时间里（其中还有几个月无报可查），《新蜀报》共刊登他的战地通讯文章五十多篇。他的发稿文章之多、频率之高，在该报是史无前例的。

这些战地通讯文章，记录内容紧扣当时的战争局势，展现了中国抗日主战场的风貌，记录了整个战争的历史进程，有面对面的采访，有来自战争一线的报道。石之下笔，绘声绘色，写敌我情势，论战局得失，有大背景，也有小故事；既严谨，又十分活泼。立论则观点鲜明，立场坚定，篇篇都凝聚了极强的爱国热忱，也铭刻了通过"笔枪"唤醒全民族共同抗日的热切愿望。据了解，石宝瑺最初只是为《新蜀报》写通讯的"通讯员"，并非专职记者，后来因为他勤奋的态度，出众的才华被《新蜀报》欣然吸纳为正式一员。他能够脱颖而出的原因就是冯英子所说的，"极受读者欢迎"。

冯英子先生在《抗战报话》中对石宝瑺给予了很高评价——

重庆原有的报纸，资格较老的要称《新蜀报》了，这是日出对开一张的大报。也是一份代表地方势力的报纸，抗战的初期和早期，一般说来，各地的地方势力，对于抗战的态度都比较坚决，也反映在各地的地方报上。《新蜀报》社址在白象街，由周钦岳作总经理，周是一个抗战派，他向外面派出了战地记者，采访撰写战地通讯。战地记者中有一位石宝瑢，笔名石燕，文章写得漂亮，极受读者欢迎，他请赵铭彝编副刊，副刊上有不少进步的、名家的作品，因而把报纸办得有声有色。一张有声有色的报纸，当然为国民党当局所注意，他们先是要求报纸转变立场，此计未售，于是设法从内部去攻破堡垒。

冯英子先生又在《湖北文史资料》中回忆：

抗战以前，范长江同志就是以他的西北通讯闻名海内，通讯便是《大公报》的一大特色，抗战一开始，它的战地通讯更加吸引读者，各地报纸群相效尤，有的派记者，能特约人的请特约，重庆的《新蜀报》，请了石宝瑢作战地记者，石用石燕这个笔名，在《新蜀报》上大写战地通讯，绘声绘色，写敌我情势，论战局得失，使报纸身价十倍。

则诚先生在《行都报业现况——几家报纸都坚实饱满全是宣传抗建生力军》(原载《战时记者》第 2 卷第 9 期，1940 年 5 月 1 日出版) 一文中也对石宝瑢及其《新蜀报》有着中肯的评价：

新蜀报是重庆原有大报之一，这个报在名义上虽然是地方报，但因为编辑主持人才的精干，实际上行都的报界地位很高。平津京沪报纸大量迁川以后，地方报相继失败停刊，但该报独能曾得以大席地而巍然独存，不是没有道理的。现在最为人称道的是专载和姚蓬子先生主编的副刊"蜀道"，社论也极出色。有一次亲自听到大公报主编王芸生先生对该报社评的称赞。该报似乎与四川军人不无关系，而现在则以印刷营业为养报之源了。……新蜀报有社论委员会，委员有杜若君石宝瑚诸君。

据石宝瑚本人回忆，1939年"九一记者节"后，他就到了重庆，一心一意管理《新蜀报》的事务，担任主笔之职，主要是写社论。正如则诚先生在同一篇文章中讲的，那个时候"许多外勤成名的记者也都不大写文章了"，石宝瑚以当时的身份，作为社论委员会的一员，完全可以不写文章，但是他还是坚持专门写社论。晚年时候，石宝瑚常常同后人们说起：从年轻的时候，他就立下为新闻事业奉献的志愿，一生中不管担任什么职位，身处什么环境，分配什么工作，只要能提笔写文章，就是他觉得最幸福的事情。这可能就是今天所说的"初心"吧！

不忘初心，方得始终。当我们追问我们"从哪里来"这个问题，总是可以从历史中找到答案。从一个小小的通讯员，成长为"青记"的一员，石宝瑚的成功有个人的努力，也有时代的推波助澜，特别是"青记"的旗帜给了他方向，"青记"的组织给了他营养。

今天，记录石宝瑚先生的故事并不仅仅是回忆个人往事，也是缅怀那个时代的信仰，期待能使之变成一种振奋精神的力量。80 年前，"青记"战友们从武汉一起出发，在中华民族最危险的时候，"铁肩担道义，妙手著文章"，书写了抗日救国、气壮山河的英雄史诗，以笔为枪，唤起了万众一心、共御外侮的民族觉醒。回忆往事，是为了不忘初心、重拾信仰，是为了弘扬"青记"爱国主义、英雄主义的精气神。在新的历史征程上，这信仰和精神将鼓舞更多青年记者们为时代而歌，为民族复兴而继续奋斗，创造中华民族的新辉煌。

注 释：

[1]［清］顾祖禹：《读史方舆纪要》卷二十九，南直十一，汉典古籍。

（作者席丹系"青记"会员石宝瑚之外孙，现任武汉市人民政府副秘书长）

我父亲李蕤与"青记"

宋致新

李蕤（1911—1998），本名赵悔深，中共党员，河南荥阳人。自20世纪30年代起，他就是活跃在河南文坛上的青年作家和新闻记者。1937年抗战爆发后，他任职郑州《大刚报》记者，采访过台儿庄大捷。在徐州加入了中国青年新闻记者学会。1939年秋到洛阳第一战区《阵中日报》任新闻版编辑，并任国际新闻社洛阳记者站站长。新中国成立后历任河南省文联副主席，中南文联和中南作协第一副主席，主持《长江文艺》编务。1978年任武汉市文联副主席、武汉市作协主席，主编《芳草》杂志。

"青记"诞生于抗日战争的烽火中，是中国共产党领导的全国青年记者的统一战线组织。

1937年11月8日，以范长江、夏衍、恽逸群、陆诒等为首的新闻工作者在上海成立了"中国青年新闻记者协会"（简称"青记"）。1938年3月15日，为了尽快通过国民党中宣部的审查，同时加强自身学习，又将"协会"改为"学会"。1938年3月30日，"青记"第

一次全国代表大会在汉口召开。短短几年中，"青记"在全国成立了
40 多个分会，会员最多时达 2000 多人。青年记者们以笔为枪，勇上
前线采访，足迹遍布各大战场。对台儿庄大战、武汉会战等正面战
场，以及八路军、新四军开展的敌后游击战场青年记者们都有生动
的采访，留下了大量珍贵新闻报道。还有些"青记"会员以身殉职。
1941 年 4 月 28 日，由于国共摩擦，"青记"被迫解散，但许多"青记"
成员仍不忘使命，继续战斗。新中国成立后，不少人成为了新闻界领
军人物和业务骨干。

为了表彰"青记"的历史贡献，发扬"青记"前辈的敬业精神，
2000 年，经国务院批准，将"青记"在上海成立的日期——11 月 8
日定为中国的记者节；自 1993 年起，"范长江新闻奖"和"邹韬奋新
闻奖"成为新闻界最高奖，2005 年，两奖合并为"长江韬奋奖"。

2017 年 11 月 8 日，上海在南京饭店"青记"旧址上建立了纪念馆。
2018 年 12 月 8 日，武汉市又积极筹建了"青记"历史陈列馆。"青记"
在中国新闻史上的地位日益突现。

一、徐州突围，参加"青记"

1938 年春，台儿庄大捷，举国振奋。我父亲作为郑州《大刚报》
的战地记者，与开封师范时的老同学、时任《河南民国日报》记者的
乔秋远同赴徐州采访。当时徐州聚集了从全国各地前来采访的记者，
如《大公报》的范长江，《新华日报》的陆诒、《扫荡报》的高天、《新
蜀报》的石宝瑚、中央社的曹聚仁等。这些记者大多是青年，他们在

采访中团结一致，互相支持。《大公报》记者范长江的威望最高，成为记者中的核心人物。

我父亲在徐州采访了于学忠、孙连仲、关麟征、汤恩伯等抗日将领，写过《台儿庄战场巡礼》《板垣师团的溃灭》《于学忠访问记》《汤恩伯将军访问记》等通讯报道，可惜这些文章大多在战乱中遗失了。

当时经常有敌机轰炸徐州，记者们便去城外云龙山躲警报。他们聚集时，谈论到国民党对新闻的管制，限制了记者的新闻自由，使许多真相不能得到披露。范长江等人提出，新闻自由不能等谁来恩赐，应当靠自己争取。青年记者们便有了自己成立组织的想法，这也为我父亲参加"青记"打下了思想基础。

1938 年 3 月 30 日，"青记"在武汉召开了第一次全国代表大会。5 月 9 日，"青记"第一个分会——第五战区分会在徐州成立[1]，我父亲参加了这次会议，并与徐州"青记"会员合影留念。

此后不久，日寇对徐州的中国军队采取迂回包抄，妄图全歼之。于是部队开始了大规模军事转移，而我父亲和乔秋远对局势并不了解，只是急于赶回报社，东奔西突，几陷绝境，最后遇到转移中的部队，才随部队步行八天八夜，冲出了敌人的包围圈。

1938 年 6 月，"保卫大武汉"的口号声震入云。我父亲与母亲从汝南来到武汉，与臧克家、田涛、碧野等一群文学青年住在武昌海马巷一个小客栈里，想为抗战出一把力。这时，《新华日报》采访部主任陆诒找到我父亲，请他与范长江在咖啡馆中见面。原来，"青记"正在编纂一本名为《徐州突围》的书，收集参加徐州会战的记者的文章，我父亲随即写了《突围前后》一文，记述他们在遭到敌人包围后，如何经历八天八夜的艰苦行军，突出重围。《徐州突围》一书，既真实反映了台儿庄大战的情况，又记录了青年记者勇上前线、进行战斗采访的实况。该书于1938年7月由武汉生活书店出版，该书在"序言"中写道："对于该书所换得的稿费，除开支外，编委会决议捐给中国青年新闻记者学会，指定作继续搜集材料的专款。""本书的完成，我们应该特别指出王昆仑、石宝瑚、高公、彭世桢、宗祺仁、李蕤诸先生的努力。"

1938年8月，我的父母流亡到河南南阳。1939年5月，"新唐事变"后，他们又回到父亲的老家荥阳。1939年夏秋之交，我父亲经碧野介绍，来到洛阳，在《阵中日报》任国际新闻版编辑。

我父亲在洛阳办报时，受"青记"总会委托，成立了"青记"洛阳分会。据当时洛阳《行都日报》编辑张黎至回忆，1939年夏，"青记"在洛阳成立分会，是由我父亲撰写的成立宣言，并在报上刊登的。他回忆道：

    记得是1939年的初夏，悔深兄和我，还有几位新闻界的青年朋友，经过几次交换意见，一致同意在洛阳成立中国青年新闻记者学会（简称"青记"洛阳分会），并商定在分会成立的次日，在报上发布消息时，还要配发一篇《致读者的公开信》。我们异口同声地推荐悔深兄执笔，他很爽快地应允了。此后一连数日，日寇飞机不断对洛阳狂轰滥炸，预备警报一响，人们就成群结队向郊区疏散。在流行的口头语中，这叫"跑警报"。在这种情况下，我担心悔深兄难以按时交卷，便在某一天的掌灯时分，跑去跟他商量，说如果必要的话，不妨把分会成立的日期往后拖一拖。悔深兄却镇定自若地说，草稿已经打好，不会误事的。并且告诉我，草稿是"跑警报"时在北郊的一片树林子里仓促写成的，还须再加斟酌，才敢交卷。[2]

"青记"洛阳分会的成员有赵悔深、张黎至、林涧、张剑梅、周肇瑚、徐林白、高济仓、傅恒书、王洁帆、王世杰、孙家骏、李松筠、张了且、朱子杰、陈芒等[3]。我父亲在《我在洛阳跋涉的足迹》一文中说，《阵中日报》编辑部的青年，"无例外地参加'青记'，支持'青记'的公开活动"。

"国际新闻社"是从"青记"中发展起来的更具专业性的新闻组织，1938年10月，"国际新闻社"在长沙成立，范长江和高天介绍我父亲参加了"国新社"。父亲在《我参加"北方左联"和"国新社"始末》一文中写道：

1939年秋，我应作家碧野之邀，到洛阳《阵中日报》任编辑，当时，新闻战线的"青年记者学会"和"国际新闻社"在范长江、刘尊棋等的倡导下已经先后成立，我参加了"青记"（至今仍保存会员证）和"国新社"（由范长江和高天介绍），在洛阳开展活动。"青年记者学会"为广泛的青年记者组织，举凡有爱国思想、坚持抗战的编辑记者均可吸收入会，"国际新闻社"层次较高，只吸收思想上业务上有较高水平、有独立作战能力的编辑记者参加。参加"国新社"后，我最初任特约记者，待到 1940 年范长江同志任命我担任"国新社"洛阳站站长。具体任务有三：一、组织中原地区进步专家学者为"国新社"总社撰稿；二、将解放区（晋西北）稿件转寄桂林总社；三、培养发展新社员。晋西北方面，指定我和穆欣同志联系，并决定"国新社"洛阳站采取"半公开"形式（所谓"半公开"，即既不像地下党那样完全隐蔽，也不公开挂牌子发消息进行宣传）。洛阳站成立之后，范长江考虑到当时中原地区情况复杂，并打电报让曹仲植协助"洛阳站"成立（曹过去为《新闻报》老记者，当时已弃文从政，任河南财政厅厅长）。洛阳站成立后，做了不少工作。由于洛阳《阵中日报》是第一战区司令长官部政治部的报纸，有一层"保护色"，因此，实际上也起到"交通站"的作用。诗人高咏从重庆到解放区，黄河沿岸有国军封锁，我们用《阵中日报》编辑部的公章给他开假护照，帮助他安全渡过黄河，"国新社"社友任重到豫东新四军防地，我带他到洛阳南关贴廓巷十八集团军办事处接洽联系；《新华日报》记者陆诒到晋察冀边区采访归来，我们以"青记"名义开会欢迎。工作十分活跃。[4]

这年 3 月间，范长江派遣李洪、任重[5]到新四军中采访，并准备建立分会，他们路过洛阳，受到父亲的接待。父亲在《我在洛阳跋涉的足迹》中回忆道：

> 1940 年春，"国际新闻社"先后派李洪、任重同志到洛阳来。……李洪、任重他们来，便是到新四军深入采访，并建立分

会组织的。因为我在徐州会战时，和范长江同志见过面，深谈过几次，"国新社"成立时又参加了"国新社"，因此，他们到洛阳后便先找到我，谈了此行的任务。由于他们初来乍到，人生地疏，我为他们介绍了一些志同道合的朋友，并引他们到洛阳南关贴廊巷拜访了十八集团军办事处。当时，国民党已经在他们内部颁布了《限制异党活动办法》，十八集团军办事处周围，也有特务监视。可是任重同志事先有备，穿着国民党军官的服装，幸而未出什么麻烦。[6]

二、在《阵中日报·军人魂》

从 1939 年秋到 1940 年秋，我父亲与左翼作家碧野一起，在洛阳第一战区司令长官部的军报——《阵中日报》工作，他任《阵中日报》的国际新闻版编辑，碧野任副刊《军人魂》的编辑。由于我父亲与碧野都是"北方左联"成员，他也协助碧野编辑副刊《军人魂》并为之撰稿，《军人魂》副刊因此显示出与该报社论迥然不同的面貌，具有鲜明的进步倾向，以至于被当时的读者称为"半拉报"，如今已有学者对这一现象进行深入探讨[7]。1940 年春，碧野受军方特务追捕逃往第五战区，《军人魂》便由我父亲全面接手代为编辑。

从 1939 年秋至 1940 年秋，《阵中日报·军人魂》在一年内，刊登了 20 多位"青记""国新社"成员的 37 篇文章。除了我父亲本人以"李巍""流萤""萧云""华弓"等化名写的文章外，还有子冈（彭

子冈）、史坚、弃疾（曹弃疾）、曾克、彭世桢、蔡青、高天、戴广德、
田涛、轰振、白克、张高峰、王亚平、华嘉（邝华嘉）、白菲（方白
菲）、蒋莱（姜庆湘）、一轻（高一轻）、刘尊棋、高咏等"青记""国
新社"成员的文章[8]。这些作品，信息真实，内容丰富，思想进步。
2016 年，我将《阵中日报·军人魂》这一年中的文章，选编为《国
统区抗战文学钩沉》一书（上、下集，武汉出版社出版），获得专家
和读者的好评，认为这些文章全面真实地反映了抗战时期的社会面
貌，体现了"青记"作者不畏艰险，"以笔为枪，投身抗战"的精神。

我父亲频繁参加"青记"活动，引起了国民党顽固派的注意。
1940 年 10 月 10 日，他被河南三青团支团主任王采芹以"共党嫌疑"
罪逮捕，关押在洛阳劳动营三个月。父亲当时处境很危险，我母亲四
处奔走，所幸找到了范长江在河南发展的另一名"国新社"成员曹仲
植。原来，曹仲植是一名老记者，当时已转入政界，任河南财政厅厅
长。在"国新社"洛阳站成立时，范长江曾发电报给曹仲植，请他对
洛阳站的工作予以支持。母亲找到了曹仲植，经他从中斡旋，打通
王采芹的关节，父亲终于得以释放，但他甫一出狱即被《阵中日报》
解职。

父亲被关押在洛阳"劳动营"期间，和同为"青记"成员的郑州《大
同新闻社》的洪涛、曾非、林冰等结为难友。后来，我父亲先被释放，
带着全家回到故乡，不久，另外三人趁着国民党撤退时逃走，洪涛到
一个朋友家暂避，林冰和曾非逃到荥阳我父亲家中，由我父母亲为他
们易装、馈赠盘缠，使他们平安返回上海去了。[9]

三、采访河南大饥荒

"青记"于 1941 年 4 月 28 日被查封,"国新社"也几乎是在同时被查封。也就是说,此后"青记"和"国新社"已经不再存在了。1941 年初,我父亲被捕又出狱后长期失业,后来经他开封师范的老师、河南印书局总编辑于赓虞介绍,到洛阳印书局《新儿童》当一名编辑。

1942 年河南发生了特大旱灾,赤地千里,饿殍遍地,但国民党当局以"军事第一""抗战第一"为名,严格禁止新闻界披露灾情。《大公报》记者张高峰写了一篇《豫灾实录》,总编辑王芸生根据其报道写了《看重庆,念中原》,引起蒋介石震怒,《大公报》被罚停刊三天。而我的父亲,还是一个刚刚出狱、"暂准退学,随传随到"的嫌疑犯,且已经离开了新闻岗位,但他作为一名"青记"的老会员,感到有责任用手中的笔为灾民发出一点呼吁,哪怕为此招祸也在所不惜。

正是因为有了这种信念,父亲骑着一辆自行车,从洛阳出发,沿着陇海线东行,行走 20 多天,考察了灾情最严重的地区,以"流萤"为笔名,撰写了《无尽长的死亡线》等 10 多篇灾区通讯,连续发表在南阳的民营报纸《前锋报》上,后来又由报社集为《豫灾剪影》的小册子出版。

1942 年河南大饥荒,据不完全统计,饿死的人有 300 万之多,而对于如此惨烈的浩劫,中国新闻史上却缺乏记载。2012 年,由于电影和媒体的炒作,"河南大饥荒"成为新闻热点,而作为历史记录,唯有张高峰的《豫灾实录》和我父亲的《豫灾剪影》，是早在70年前就真实记录了这场大饥荒的"信史"，他们被媒体誉为"秉笔直书的中国报人"。巧的是，张高峰和我父亲一样，也是"青记"成员[10]。

2012年冬，我的百岁母亲宋映雪，在接受河南《大河报》记者采访时，曾赋诗一首："浩劫远去七十载，岁月难磨旷世哀。媒体有心温历史，冤魂何处觅骨骸。青记左联得铁笔，单骑百里写豫灾。期颐再捧君遗作，暗哑呼声犹壮哉。"这里的"青记左联得铁笔"，真切地道出了"青记"对父亲思想的巨大影响。正是"青记"追求真理、勇于牺牲的精神哺育了父亲，给了他新闻记者直面惨淡人生的勇气。由"青记"成员去填补这块历史空白，是"青记"精神的延续，是"青记"的成绩和光荣。

四、哀念太行烈士秋远

乔秋远（1911—1942），本名乔冠生，也是"青记"成员[11]。早在1932年，他和我父亲就是开封第一师范的同窗好友。二人一起在学校创办了《晨曦》《河畔》文学社，在《河南民国日报》上发表文章。1935年乔秋远到北平求学，参加了"民先"。抗战爆发后，北平沦陷，乔秋远重返故乡，在《河南民国日报》担任记者。

1938年春，乔秋远和我父亲一起到台儿庄采访，共同经历了徐州突围；这年秋天，他们又共同滞留在南阳，乔秋远成为我父母结婚的见证人。不久，乔秋远奔赴延安，在"鲁艺"学习，后参加"华北战地服务团"，到华北前线采访，在华北《新华日报》任编辑。1942年，日军在山西辽县"扫荡",袭击八路军总部。在这次"扫荡"中,《华北日报》社长何云牺牲,员工亦牺牲 40 多人,乔秋远、高咏等,都惨遭日军杀害。

我父亲从报纸上看到挚友秋远牺牲的消息,但他的《悼念秋远》一文,却写于 1948 年他遭到国民党特务追捕、逃往北平,在《新路》担任助理编辑时。当时,内战已经爆发,父亲怀着深深的忧愤,怀念为抗日捐躯的亡友,感情分外悲怆。他在《悼念秋远》[12]一文中,回忆叙述了乔秋远一家三代人在抗战中的悲剧命运,歌颂了乔家的"满门忠烈"。而作为"青记"会员的乔秋远、高咏等,也用他们的鲜血和生命,为中国的新闻史增光添彩,树立了永远值得人民纪念的丰碑。《悼念秋远》,自 20 世纪 80 年代以来,被多种现代散文辞典收入,成为我父亲散文作品中的名篇。

注 释:

[1]见《范长江与"青记"》一书"青记分会简介","第五战区分会(徐州,1938 年 5 月 9 日成立)"。第 393 页。——作者

[2]张黎至(张履之)1914 年生,早年毕业于西北大学,终生从事新闻工作,离休后居北京。引文为他于 1998 年为我父亲写的悼念文章《新闻史上留英名》,收入《让我们的爱伴你远行》,武汉出版社 2003 年版,第 23 页。

[3]洛阳"青记"分会成员名单,是范长江之子范苏苏在他父亲遗物中发现的。根据《范长江与"青记"》一书,"青记会员名单"对照,洛阳青记成员有赵悔深(p.400)、张履之(p.400,即张黎至)、

林涧（p.399，写为林间）、张剑梅（p.399）、周肇瑚（p.399）、徐林白（p.400）、高济仓（p.399）、傅恒书（p.397）、王洁帆（p.397）、王世杰（p.398）、孙家骏（p.399）、李松筠（p.399）、张了且（p.400）、朱子杰（p.397）、陈芒（p.397）。

[4]见李蕤:《我参加"北方左联"和"国新社"始末》，写于1988年，未刊稿。同一内容见《我在洛阳的跋涉足迹》，《李蕤文集》第2卷，第469页。

[5]任重（1915—1986），桂林国新社记者，后赴皖南新四军等处采访，后在上海敌占区进行采访报道。新中国成立后先后在华东新闻学院、《文汇报》等单位任职；李洪，曾领导"国新社"歌咏队，1940年2月，他前往采访淮河南岸寿县，国军一三八师某旅旅长龙炎武因部队军纪腐败、屡打败仗，害怕记者披露，竟将李洪带至郊外，逼他自掘土坑，将其活埋。手段极其残忍。胡愈之有《李洪先生之死》一文，见《范长江与"青记"》，第607页。

[6]李蕤:《我在洛阳跋涉的足迹》，《李蕤文集》第2卷，第469—470页。

[7]见樊洛平:《20世纪40年代中原"半拉报"现象解析——以"阵中日报"和"正义报"为例》，《北京社会科学》2016年第6期。

[8]"青记"会员在《阵中日报·军人魂》发表文章者，对照《范长江与"青记"》一书的"青记会员名单"和"国新社部分社员名录"记载:彭世桢（p.394）、蒋莱（姜庆湘,p.395，国新社）、田涛（p.397）、曹弃疾（p.394）、高一轻（p.397）、王亚平（p.398）、曾克（p.399）、白克（p.399）、戴广德（p.394）、刘尊棋（p.394）、高天（p.394）、子

冈(彭子冈,p.395)、张高峰(p.397)、轰振(汤轰振,"国新社",p.587)、史坚(p.395)、白菲(方白菲,p.400)、华嘉(邝华嘉,p.399)、高咏("国新社",p.587)、蔡青(宋蔡野,"国新社",p.587)、赵悔深(p.400)等。

[9]事见李蕤:《苦难岁月》,《李蕤文集》第2卷,第491—496页。对照《范长江与"青记"》一书的"青记会员名单",洪涛(p.395)、曾非(p.400)、林冰(p.399),均为"青记"会员。

[10]张高峰(1918—1989),原名张之俊,天津市宁河人,抗战初期参加平津流亡宣传队,1938年参加对台儿庄战役的报道,加入"青记"和"国新社",1940年进入迁到四川乐山的武汉大学政治系读书,同时兼任《大公报》通讯员。1943年初因报道豫灾,被汤恩伯罗织罪名逮捕关押。新中国成立初期在《大公报》任记者,1978年调天津市政协文史资料委员会工作。《范长江与"青记"》一书,"青记"会员名单,第397页。

[11]乔秋远(1911—1942),《范长江与"青记"》"青记会员名单"中,第591页,有"乔秋远烈士简介"。

[12]李蕤《悼念秋远》一文,原载《新路》1948年第6期,收入《李蕤文集》第2卷,第268—276页。

(作者宋致新系"青记"会员李蕤之女)

舒宗侨和中国青年新闻记者学会

舒达远

舒宗侨（1913—2007），江苏南京人。1936年毕业于复旦大学新闻系。抗战期间，曾任上海《立报》记者，苏联塔斯社驻上海、南京、武汉、重庆记者，重庆《中央日报》编辑，《扫荡报》编辑主任，在重庆和美英盟国合作创办《联合画报》并任主编。1949年后，任复旦大学教授，中国摄影家协会第一届常务理事，中国老年摄影学会副主席。编有《第二次世界大战画史》，合编有《中国抗战画史》《二次大战照片精华》等，在中国新闻出版界影响深远。

我的父亲舒宗侨于1913年出生，他在青少年时代就目睹了军阀混战、日军入侵东三省、济南惨案等战争灾难。一次偶然，作为南京铁路职工的父亲，获得了一个"万国储蓄会"的大奖，一个贫困的中学生，因此有了继续求学的机会。1932年，父亲进入复旦大学新闻系，从此走上新闻工作者道路。

1936年毕业时，正是日本侵略者步步紧逼、国难当头时，时局造就了千百万的热血青年。父亲在大学四年级时，即进入上海《立报》

实习工作。在《立报》的两年记者生涯中，父亲怀着一颗火热的抗日救国心，深入"八一三"淞沪抗战前线采访，忙得废寝忘食。

"八一三"淞沪抗战结束，父亲加入了苏联塔斯社工作，在1937—1938 年间，随同塔斯社中国分社社长罗果夫及几个工作人员，从南京到武汉，又一路退至四川重庆，几度生死中见证了中国军民的坚决抗战精神及人民在战争中所受的苦难。

西安事变后，国共合作，掀起了全国军民高涨的抗日激情。这时日军不断向我发动进攻，南京不保，许多机关、报社向武汉撤退，武汉随后成为了全国的政治、军事中心。中国共产党在武汉成立了八路军办事处，出版《新华日报》。在周恩来同志的关心下，中国青年新闻记者协会于 1937 年 11 月 8 日在上海南京饭店成立。1938 年 3 月 15 日，中国青年新闻记者协会更名为中国青年新闻记者学会（简称"青记"）。父亲积极参与了该学会的大量活动。1938 年 3 月 30 日，中国青年新闻记者学会在武汉召开第一次全国代表大会。在武汉的一年间，父亲访问过冯玉祥、邵力子、周恩来等党政要人，经常出席中外记者招待会，还奔走在东战场。

当时的武汉，是一座抗日的大火炉，人们沉浸在火热的斗争中。对聚集在武汉的新闻记者来说，那是一段激情燃烧的岁月。

由于苏联首先向中国伸出援手，派出军事顾问团和航空志愿兵帮助抗击日机，塔斯社工作也因此受到各方欢迎，父亲积极参与中国青年新闻记者学会的活动，经常出席有世界各国记者参加的新闻发布会。徐州会战前，父亲与罗果夫等人采访五战区司令长官李宗仁。李宗仁向记者表示："这次抗战，我们为生存、为自由而战，死中求生！

一定可以以我们的决心和坚强精神打破敌人野心。"在徐州军人专列上，父亲采访了张自忠将军。面对日军大军压境，张自忠将军慷慨激昂地说："军人今天的职责，就是要找个机会去死！"后来，父亲领会这句话的意思是：盼望已久的与日军拼命的日子终因国共合作抗日而来到了！两年多后，大义凛然的爱国军人张自忠在战场上不甘被俘，拔枪自决，以身殉国。

1938 年 10 月，武汉受到日军四面八方的包围，情况危急。父亲受命于塔斯社，坚守前线发布新闻稿，不到各报停刊不撤退。直到迫不得已，父亲才最后登上了《新华日报》租用的开往重庆的专轮"新昇隆"号，星夜离开武汉。父亲回忆道：

这艘轮船停在江边，新华日报总编辑吴克坚把我作为上宾，安置睡在舱内卷筒纸上。在这船上有八路军办事处的工作人员、新华日报职工和家属，还有四五十个难民，共一百五十多人。全船装了一百零五筒印报的进口卷筒纸，部分放在舱内，部分装在后边一只拖船上。船上负责指挥者是八路军办事处的李克农，还有一位边参谋长。后来我知道同船的还有王炳南和他的德国夫人王安娜、一个德国妇女简·尤恩、东北抗日联军司令员李延禄。

船走了一夜，第二天早上到达距嘉鱼县四十五里的燕子窝。这天早上卫兵来通知，大家上岸避飞机，预定下午三时半开船，于是大家三五成群到岸上去躲避。我走进一间破庙，里面贴着"国共合作，一致抗日"的漫画和标语，庙内阴森得可怕，新华日报的李密林、郝启文、项泰走来，大家热烈招呼。一会儿，他们说"发现新大陆去",接着朝别的村庄走去了。

不久,船上发出呜呜叫声,说明船快要开了。我们互相催促着向江边走去。正走到离轮船十来丈的地方,迎面三架敌机从西北方向飞来。这时一部分人上了船,一部分留在岸上,卫兵高喊:"飞机来了,快走开。"有一架飞机俯冲下来,围着"新昇隆"绕了一周,我可以从地面上清楚看到日本的太阳旗标记和人头,好在它没有射击就飞走了。

我们在敌机临近时,一个个就地躺下,观察动静。李克农叫道,"全体隐蔽","分散,不要聚在一起",我在一个田洼里趴下来。大家一口气还没喘过来,又来了三架敌机,飞到"新昇隆"上空,开始打圈子,后来投下一颗炸弹。船上的人再也无法镇静了,不少人往水中跳,敌机上的机关枪向船上连连扫射。

"新昇隆"被炸后,敌机跟着去炸长江中其他轮船和木船。这时"新昇隆"开始冒青烟,轮船着火了。没多久,整只船从头到尾都燃烧起来,半小时后,全船烧光,只剩下一具躯壳。这次敌机肆虐,造成五十多人或被烧死,或在江中淹死,其中有几小时前还和我谈话的潘美年(潘梓年的弟弟)、李密林、项泰三人。在这次惨剧中,《新华日报》社牺牲十六人,八路军办事处牺牲八人,其中有一个是周恩来同志的通讯员。

薄暮时分,江边充满了惊慌、悲愤、凄凉的气氛,"八办"的李克农立即把大家组织起来。首先,安排我们塔斯社三个人先乘小船前往嘉鱼去长沙,其余的人到农家去休息,第二天再分组步行去长沙。当晚由王安娜和尤恩两位外国妇女用土法对受伤者进行包扎。

他船上不乏父亲熟识的同行好友，转眼牺牲，而父亲因几步之遥未能赶上船而卧倒在江边草丛中，幸免于难。在父亲1938年的日记里，他用红色墨水钢笔记下了这令他惊心动魂、终生难忘的一天。事发后，李克农为塔斯社的三个人雇了条"小划子"连夜赶往嘉鱼县，又步行三四个日夜，才抵达长沙，找到范长江、于友等同志，住进中国青年新闻记者学会的"记者之家"。父亲迅速将日军暴行公布于媒体。次日，周恩来特地来看望父亲，当了解到被炸情况及牺牲人员时，周恩来情不自禁地流下了眼泪。

父亲和抗战期间的武汉结下了不解之缘。他曾在《从八一三到胜利——一个记者的回忆》一文（收入《抗日风云录》一书）中写到难忘的武汉：

> 一九三七年十一月二十一日，我随塔斯社来到武汉。社址设在湖南街（现胜利街）英文楚报大楼二楼，路透社和外国人办的《英文楚报》都在这座大楼里办公。
>
> 我到武汉，给我的印象就是"热"，南京已经够热了，而武汉比南京更热。我这次虽在严冬到武汉，但仍感到"热"，这个热不是气候的热，而是发自内心的热，即抗战热情。"起来，不愿做奴隶的人们"，"大刀，向鬼子们的头上砍去"等抗战歌声，飞翔在武汉三镇的每个角落，青年们唱，老人们也唱，男的唱，女的唱。人们为了抗战又来到武汉这个政治中心，迎接抗战的新

任务。

上海、南京和太原失陷后，各地军政要人、流亡青年、文化人、机关人员纷纷来到武汉，人口一下子增加到二百多万。一九三八年开始，在日本诱降企图失败后，人们在此重新稳定下来，军事当局于一月二十四日在武昌枪毙了临阵脱逃的山东省主席韩复榘，二月十八日在武汉上空一场空战，在苏联志愿空军协助下，十二分钟就打下了十二架敌机。由周恩来、郭沫若、田汉领导的政治部第三厅，加上国民党宣传部、政治部组织的群众运动，一次又一次把人民的抗战情绪推向高潮。

随着政治中心移到武汉，全国代表性的报纸在武汉创刊，《新华日报》于一九三八年一月在武汉出版，加上《大公报》《申报》和外文报纸《英文楚报》《自由西报》，有上十家之多。原来在上海、南京的外国的新闻机构，都到武汉来设立办事处或派驻记者，另一些外国报纸随时派人到武汉采访，外国记者最多时达四十人左右。他们由中宣部国际宣传处联系，参加记者招待会，听取前后方军政人员的报告，进行参观访问，又从武汉出发到各战场上去。

我所工作的苏联塔斯社在抗战初期是一个比较活跃而又吃香的外国新闻通讯社，因为那时苏联派来以朱可夫将军（后任苏联国防部长）为首的军事顾问团，又派来不少飞机和志愿空军，从军事上支持中国作战。塔斯社是代表苏联的新闻机关，受到各方的欢迎是很自然的，加以罗果夫是个工人出身的新闻记者，会说一口中国话，与人接触融洽，所以和各方关系甚好，一些进步的文化人常到塔斯社来作客，我们有次招待中外战地记者和文化界人士，到了六十多人，那时的情景给我留下了难忘的印象。

在武汉一年，我担任新闻工作，除翻译、采访外，也参加些群众组织，中国青年新闻记者学会就是其中之一。我们招待各地来的战地记者，举行座谈会，出版《新闻记者》月刊，请中外记者作报告，史沫特莱、斯诺和前方以及沦陷区的来人均作过报告。

说起武汉，父亲印象最深的也是在武汉的中国青年新闻记者学会的活动。中国青年新闻记者学会是中国共产党领导下的新闻工作者的团体，简称"青记"。由范长江、陈农菲（即陈同生）、恽逸群、陆诒等人发起创办，父亲也积极参与了武汉中国青年新闻记者学会的活动。

"新昇隆"号船被炸后，父亲和幸存记者徒步走到长沙，住进"青记"的"记者之家"，对此他回忆说：

在长沙，我们先找到中国青年新闻记者学会，遇到范长江、于友、陈农菲等同志，"青记"有个"记者之家"，可以招待从武汉来的同行。接着我到八路军长沙办事处，把"新昇隆"被炸的情况告诉他们（这时武汉八路军办事处和《新华日报》的一批幸存者还在途中，他们是乘船经洪湖和洞庭湖转新市，到长沙县时已是十一月十二日长沙大火的前夕）。当晚，中央社记者刘尊棋请我和军令部徐培根厅长和两个德国记者在奇珍阁吃饭，饭后刘用中央社名义向全国发了一个《新华日报》专轮遇炸、两记者殉职和塔斯社记者舒宗侨、安世祥来长沙的消息，后来周恩来同志还特地到记协宿舍来向我了解经过。

武汉，给父亲留下了难忘的印象，特别是在武汉中国青年新闻记者学会的活动、和共产党朋友的密切交往，影响了父亲的一生。到战时的重庆后，父亲和美英等盟国合作创办影响深远的《联合画报》并任主编，则是后话了。

（作者舒达远系"青记"会员舒宗侨之子）

追寻前辈的战斗足迹

徐庆之

徐怀沙（1912—1998），浙江德清人，中共党员。1933 年在《大晚报》任文艺记者，后兼任副刊编辑。1937 年 11 月 8 日，他参与发起成立中国青年新闻记者协会，后更名为"中国青年新闻记者学会"。1938 年上海沦为"孤岛"后，他担任《大晚报》编辑、总编辑并兼任上海《华美晨报》总编辑，1940 年被迫离沪。1945 年抗日战争胜利后返沪，担任《大晚报》总编辑。同年兼任上海《时事新报》总编辑。新中国成立后历任上海《新闻日报》编委兼编辑室主任、秘书、浙江省德清县政协第一、第二届委员。

2017 年 11 月 3 日，在上海繁华的南京路北面，山西南路 200 号，南京饭店二楼，出现了一座新的历史纪念馆——中国青年新闻记者协会成立会址纪念馆。进入纪念馆前厅，就能见到"青记"发起人的大幅照片墙，其上有二十余位当年年轻记者的照片。共有 15 位记者代表 24 位发起人出席了当年的会议。2016 年底我才知道，我的父亲徐怀沙有幸参加了那次历史性的会议。

　　自从知道纪念馆筹建，我在阅读范苏苏（范长江之子）和陆良年（陆诒之子）等编写的文集的同时，也密集阅读并追寻着"青记"前辈们的光辉史迹。我的面前重现了中华民族那段历尽苦难、浴血奋斗的历史。我感受到了当年的青年新闻记者们为了国家和民族命运，不畏艰难险阻，不惧牺牲，顽强斗争而又淡泊名利的崇高境界。他们的英勇斗争事迹值得我们去回首，他们的爱国精神值得当代青年学习和继承。

　　我的父亲徐怀沙出生在浙江德清县，1928 年在上海群治大学社会科学系读书时，受到当时政治形势影响，追求进步，关心国家命运，1929 年 1 月，父亲加入中国共产党。1934 年，他加入上海《大晚报》，任副刊编辑。

　　自 1937 年 8 月 13 日开始，父亲被派担任《大晚报》的战地记者，专职赴前线采访三个月。他负责采访当时的主力部队国军第九集团军八十七师、八十八师。在他的战地专访中，我们可以看到八十七师师长王敬久和八十八师师长孙元良英勇、镇定指挥作战的身影。在会战后期，王和孙已升任为军长。在这三个月中，他不避艰险，冒着敌人炮火，日夜奔波于前线各处和报馆。每天他的"本报特讯"报道都会见报，除此之外，他还撰写人物专访等。9 月中旬战事从进攻转入防御，我方增调了更多的兵力，并部署了右翼、中央、左翼三个作战军团展开全面防御作战。父亲需要采访和关心的区域更多更宽了。自 9 月 11 日起，《大晚报》每天在头版头条都有"本报战地记者今日下午一时返馆报告……"中号字开始的战况报道，概略地叙述右翼、左翼的重点战况，而后再分头详细报道战事，包括敌人的猛攻、我军的奋勇杀敌、虹口的巷战等。

《大晚报》在1932年第一次淞沪战争（一·二八）发生前一周创刊。当时报馆总经理、总主笔曾虚白成功地领导和组织了《大晚报》的各项主要工作，并保证其战地报道正确、迅速，发挥了晚报最大的功能，深得上海百姓欢迎。《大晚报》创办不久，其销数每日达五万份，至1936年更达到八万份以上，一举追平《申报》《新闻报》等上海老报的发行水平。经过第一次淞沪战争，《大晚报》学到了我方军力配备的全貌，也学到了如何紧跟军队采访及时新闻，甚至对国军一些将领也有了一定的熟悉。这些都成为徐怀沙后来做好战局报道、战地专访等可以借鉴的经验。

查阅1937年淞沪抗战时的《大晚报》，读者可身临其境地进入到当年的战争烽火中，了解到八十七师、八十八师如何在战士牺牲后，仍不断补充兵力，坚守闸北和虹口等地。除报道每天的战况、战讯外，徐怀沙还在战地访问英勇的官兵，写下了很多专题报道、特写、专访等，比较值得一提的，这里列出一些标题：

8月22日 孙元良伤感追述黄梅兴壮烈之死

8月24日 敌机轰炸追击大场脱险归来

8月23—24日 王敬久将军指挥高射炮民族英雄负伤作战一声呐喊碎胆（一）（二）

8月28日 蕴藻浜血战经过（专访）

8月29日 亲身肉搏的营长谈罗店壮烈之战（特写）

9月4日 保安队团长岳岑详述吴淞十日血战（特写）

自 1937 年 8 月 13 日开战以来，《大晚报》每日四版，战局新闻和战地报道总在第一版，该报战地记者由父亲和曹聚仁担任。曹聚仁是老报人，曾任中央社记者，应《大晚报》特聘而来，他的文章都署名。父亲的文章不署名，开始时都以"本报特讯"标记，但以上所列特写都署名为"本报战地记者"。《大晚报》还会不定期地在第二版发表社评，该社评大多由曾虚白或其他资深编辑执笔。

由于父亲连续一个月的战地报道做得好，自 1937 年 9 月 10 日起，《大晚报》"战地记者"的报道已占据《大晚报》的头版头条，说明父亲的工作已得到读者和曾虚白的认可。（曾虚白当时已在着手国民党宣传部国际宣传处的工作，10 月 28 日正式辞别《大晚报》去南京。）

这里还值得一提的是关于四行仓库保卫战中徐怀沙的连续报道，可看报载的以下标题：

10 月 28 日　留闸北我孤军奋勇抗战中
10 月 29 日　我孤军八百决死守不退
10 月 30 日　谢团长呈孙师长之亲笔函

父亲的这些报道极大地鼓舞了全上海的百姓，人们纷纷去到四行仓库附近，隔着苏州河给勇士们鼓励和慰问支持。而父亲在四行仓库被日军包围的情况下，潜入大楼内取得了谢晋元团长呈孙师长的亲笔信函公之于众，他作为记者的机智勇敢，值得后人称颂！

整理父亲在整个淞沪会战期间的文章计有 90 篇，15 万字左右，可以说是一集完整的会战历史记录（虽然有些当时的机密内容，不能见报）。这些文字可以使我们全面了解当年的具体情况。那些熟悉的上海地名，如虹口、四川北路、江湾、闸北等，都曾经是中华儿女流血战斗的地方，特别是宝山、罗店等地曾经发生过"一寸山河一寸血"的激烈战斗。当时上海的战地记者为我们留下了这些宝贵记录，值得我们珍惜！

1937 年 11 月 15 日至 1941 年 12 月 8 日，约有 4 年时间，为上海的"孤岛"时期。其时，因为日军尚未占领租界（公共租界和法租界），上海仍有不少报馆、通讯社进行着抗日宣传工作。这时期父亲担任了更多的工作，在日伪、汪伪特务的迫害威胁下坚持着对敌斗争。

他先后担任过挂英商牌子的《大晚报》编辑、总编辑，挂美商牌子的《华美晨报》编辑和《神州日报》编辑，还兼任过上海法政大学新闻专修科教授等职。

1938 年 1 月 5 日，日本要求公共租界内取缔反日文字，外国报纸也要按规定接受检查。上海原有大小报刊数十种，"孤岛"时期各报纷纷停刊，为坚持独立办报和抗日立场，有的报纸迁至香港、广州、重庆等。但是，有几家主要报纸，如《新闻报》《大晚报》《大美晚报》继续出版。《申报》自 1937 年 12 月 15 日起停刊，1938 年 10 月 10 日起，又利用外商名义复刊。在 1937 年底至 1938 年上半年，更有《译报》《每日译报》《导报》《文汇报》《华美晚报》《华美晨报》等报纸创刊，高举抗日的大旗。这些报刊几乎都是"青记"成员或中共地下组织创办的，主要撰稿人有夏衍、恽逸群、梅益等，但这些抗日报刊创刊后不久就因遭特务奸徒破坏而先后停刊。

叁 后代记忆

"青记"发起人之一王文彬在1984年的文章中，曾追忆当年的情况：

> 日本侵略军侵占上海后，最初，上海公共租界和法租界尚能维持原状，租界内的英美等外商报纸仍照常出版，同情中国抗战；同时，利用外商招牌的中国抗日报纸继续创刊，都不接受日本侵略军的新闻检查。因此，日伪组织除阴谋用金钱收买抗日报纸外，特派奸徒袭击抗日报社，曾多次写恐吓信，投掷手榴弹，送人手、人头，送毒汁水果，埋藏硫磺弹、定时炸弹，等等，妄图迫使《文汇报》《译报》《导报》《中美日报》《大美晚报》《大美报》《华美晚报》《大晚报》《大英夜报》等报改变抗日立场。但是这些袭击、破坏罪行，更激起抗日报纸的严正痛斥。

《大晚报》不理会日军的无理要求，一如既往地报道我军的抗战情况，请看以下《大晚报》报道标题：

> 1月8日　李宗仁统率十万遏止日军犯徐州
>
> 1月14日　我集四十万大军作第一次主力战
>
> 1月21日　本报二十日香港电：桂再调五十万人北上参加大决战

查看当时报纸，可看到南京会战、南京失守、徐州会战、台儿庄大胜等重要消息都有报道，也可看到"项英兵袭湖州城""访叶挺、

项英""八路军游击队奇兵进围原平"等报道。为保护自己,《大晚报》
在 1938 年下半年也挂上了英商的牌照。

斯诺前夫人韦尔斯所著,宣传八路军英勇抗日的长篇通讯《西行
访问记》,即由父亲通过党组织向作者取得原稿后,连续译载于《大
晚报》上。

《华美晨报》是当时"八办"(八路军驻沪办事处)主任刘少文同
志直接领导的报纸,报社社论大部由恽逸群执笔,副刊曾先后由梅益
和林淡秋主编,经理为金学成。

1938 年 5 月上旬,《华美晨报》上还连载过美国记者史沫特莱的
文章:《中国红军行进》之一章《井冈山上》。

由于坚持登载抗日救国的新闻,被汪伪特务机关视为眼中钉,自
1938 年下半年起,父亲就受到日伪特务的攻击和威胁(例如:汪伪沪
西"76 号"机关刊物上,曾连续三期对父亲猛施攻击和陷害)。1939
年 7 月 22 日,一帮枪手冲进大晚报社,打伤十多名工人,并射杀了
一名外国人。

1940 年 7 月 2 日,南京汪伪政权在汉奸报《中华日报》上发布"通
缉令",列入黑名单的共八十三人,其中近半数为新闻界人士,其中
就有《大晚报》徐怀沙。这时,沪西"76 号"特务机关加紧了恐怖活动,
《大晚报》的排字房遭到了武装特务分子的袭击,并有工友牺牲。报
社为此采取了安全措施,父亲接受了唐纳和其他友人劝告,辞去了外
面的兼职,完全回到了《大晚报》(当时挂英商牌),并把眷属也迁进
了报社内部特别开辟的房间。这以后,父亲足不出户逾年半,此期间
《大晚报》照常出版。

1941 年 12 月 8 日黎明前，太平洋战争发生，日军进占租界。上午八时《大晚报》即遭日寇封闭，父亲越墙逃出后，曾在唐纳家里躲避半个月，但在动乱中，父亲和上海地下党失去了联系。

1942 年 8 月，迫于恶劣的政治环境和家庭经济压力，父亲带着家眷回到家乡浙江德清城关老家。离开上海不久，父亲上海的"家"就被日寇查抄了，好不容易积累下来的许多心爱的书籍都被没收，这等于切断了他的归路。（以上内容来自徐怀沙的遗作《怀念唐纳》）

另有三位"青记"发起人被列入南京汪伪"通缉令"，他们是金摩云（《大晚报》）、刘祖澄（《大美晚报》）、戴湘云（《华美晚报》），戴湘云又名戴述人。

"孤岛"时期，上海进步新闻工作者坚持了抗日报道，他们在日伪特务的死亡威胁下顽强战斗；他们报道中国军队的英勇斗争，揭露以汪精卫为首的汉奸、特务的投降真面目；他们使沦陷区的人民对国家前途增加了信心；他们受到了汪伪特务的疯狂追杀，约有 15 位报人牺牲在上海街头。这些可歌可泣的事迹值得在中国抗战史上留下光辉的篇章。

（作者徐庆之系"青记"发起人之一徐怀沙之女）

"青记"发起成员邵宗汉

邵愈强

邵宗汉（1907—1989），江苏武进人，中共党员，著名报人、出版家、翻译作家、社会活动家。1937 年 11 月 8 日，他参与发起成立中国青年新闻记者协会，任候补干事。1938 年 3 月，在中国青年新闻记者学会第一次全国代表大会上当选为理事。他长期担任香港和东南亚等地华文报刊总编。1949 年 8 月，前往北京参加第一届中国人民政治协商会议，转任新华社副总编辑兼国际部主任。1950 年至1954 年担任《光明日报》总编辑。1955 年担任中华人民共和国外交部新闻司副司长。1980 年担任世界知识出版社副总编辑。

"中国青年新闻记者协会"创立至今已有 81 周年了。在周恩来同志的直接指导下，1937 年 11 月 8 日晚上 7 时，在日寇攻占上海的炮火声中，在英租界的山西路南京饭店，15 位年轻的新闻工作者，代表 24 位发起人，在范长江等人的领导下，召开了"青记"的成立会议。我的父亲邵宗汉有幸参加"青记"的创立过程，会上与夏衍等同志当选为候补干事。

叁　后代记忆

　　这次会议，标志着中国新闻界新生力量的崛起。他们向人民和社会宣告："抗战一定胜利，同时抗战一定会将中国陈旧的成分打掉，而在抗战过程中逐渐产生崭新的力量！"（陆诒：《文史杂忆》，第151页）自1938年3月在武汉召开"青记"的全国代表大会后，"青记"的队伍迅速壮大，它的成员在国统区及革命根据地如雨后春笋般结聚，达到了几千人，成为中国抗日统一战线的重要力量。在八年抗日民族独立战争中，在三年多的解放战争进程中，"青记"这支具有高尚理想、战斗能力强、意志坚强的生力军，为新中国新闻事业的建立和发展，奠下了厚重的基石，为新中国的建立作出了历史性贡献，被载入了中国新闻史的史册。

　　新中国成立前夕，中央召开了第一届中国人民政治协商会议，制定建国的共同纲领。新闻界派出了14位代表出席会议。从代表情况看，这14人大多数是"青记"的成员或亲密朋友。其中"青记"的发起人或重要成员有恽逸群、邵宗汉、邓拓、徐迈进、刘尊棋、陈克寒，而金仲华、王芸生、徐铸成等人曾出席武汉召开的"青记"的成立大会及全国代表大会，是"青记"的亲密战友。新中国成立后，这些代表分别担任新华社及各大报社的主要领导。在全国各地的新闻和宣传部门中，"青记"的成员纷纷成为领导或中坚力量。翻开一部中国当代新闻史，许多章节均是由"青记"的成员参与书写的。"青记"的历史贡献，深深镌刻进岁月的年轮中。

　　邵宗汉1931年进入上海《大晚报》，自此开始了他的新闻职业生涯。邵在自己编辑的副刊上每天撰写600字的评论文字，并开始追随胡愈之、邹韬奋参加进步新闻文化活动。同时，他又在胡愈之主编的

207

《月报》担任编辑，逐渐成长为富有爱国热情的新闻战士。1934 年胡愈之主持创立《世界知识》，邵宗汉被聘为特约撰稿人，配合形势撰写国际评论，逐渐成为国际问题专家。1937 年他配合范长江等人发起成立"青记"，后又与胡愈之、范长江、刘尊棋等创立"国际新闻社"，担任秘书长。1939 年初，经金仲华与廖承志、连贯议定，邵宗汉被派赴香港，担任成立不久的《星岛日报》副总编、主笔，有力地开展抗日宣传，扩大舆论阵地。在香港工作期间，他参加了"青记"香港分会的活动。1941 年日本占香港后，他又受派遣前往新加坡、马来西亚和印度尼西亚，继续开展抗日宣传，并参与当地华侨抗日斗争的领导工作。直到 1948 年重回香港，担任中共华南局机关报《华商报》总编，直到 1949 年抵达北京迎接新中国的成立。新中国成立后，邵宗汉担任过新华社副总编，《光明日报》总编。1954 年他被调入外交部，先后担任新闻司、研究室和《世界知识》刊物的领导工作，直至 1989 年去世。

邵宗汉的新闻职业生涯，有十年海外的工作经历。1939 年被派往《星岛日报》后，他鲜明的抗日立场，客观真实的报道，惹恼了国民党顽固派，特别是他因谴责发动皖南事变，发表周恩来的愤慨题词一事，遭到忌恨，被迫与金仲华、羊枣等离开《星岛日报》。1941 年 6 月，邵宗汉经廖承志的安排，到马来西亚，在华侨进步报刊《现代日报》担任总编。同年 12 月，转赴新加坡参加陈嘉庚领导的"华侨抗战动员委员会"宣传部，担任领导工作。1942 年日军攻占新加坡，邵宗汉与胡愈之、王任叔和郁达夫等逃亡到印度尼西亚苏门答腊，参加当地华侨秘密抗日组织，并成为主要领导人。抗战胜利后，邵宗汉与胡愈之、王任叔在棉兰创办《民主日报》，任总编辑，宣传中国革命，促进华侨团结。自 20 世纪 30 年代投身新闻工作，邵长期在党的领导下，利用不同背景的报纸，宣传抗日和人民革命事业，在香港和海外赢得了声誉。

邵宗汉同时还是一位国际问题专家，翻译家。他结合国际形势，翻译了很多国际问题的著作和时事分析论文。1938 年初，胡愈之组织赶译美国记者斯诺的《西行漫记》，邵宗汉是有力的译者之一。在外交部工作期间，在参加重要外交文件起草、国际形势的调研时，邵都尽心尽力，作出过贡献。

（作者邵愈强系"青记"发起人之一邵宗汉之子）

肆 | 学术探讨

不忘初心，牢记使命。新闻前辈们在枪林弹雨之中同仇敌忾、激扬文字，创造了弥足珍贵的"青记"精神，留下了宝贵的精神财富，值得新时代新闻界学习与传承。

"青记"在新闻职业道德方面的
探索与实践

廖声武

　　加强新闻工作者的新闻职业道德修养，一直是中国新闻工作者协会倡导的一个方面，它与新闻工作者队伍的形象相关联，也影响新闻传播的效果。《中国新闻工作者职业道德准则》第四条要求"发扬优良作风。树立正确的世界观、人生观、价值观，加强品德修养，提高综合素质，抵制不良风气，保持一身正气，接受社会监督"。其中第三项又规定："坚决反对和抵制各种有偿新闻和有偿不闻行为，不利用职业之便谋取不正当利益，不利用新闻报道发泄私愤，不以任何名义索取、接受采访报道对象或利害关系人的财物或其他利益，不向采访报道对象提出工作以外的要求"。这些要求是对新闻工作者在履职中可能的不当经济利益方面所作的规定。这条规定，我们从早期中国青年记者学会的探索与实践中，可以找到其源头。

　　中国青年新闻记者学会成立后，范长江在"青记"会刊《新闻记者》上发表过不少文章，其中一篇《建立新闻记者的正确作风》对新闻工作者忠实于客观事实、严肃于自己的生活、廉洁自律提出了要求。在这篇文章中，他指出："有了健全高尚的人格，才可以配做新闻记者。

有了健全的人格，才可以谈到其他和技术问题。新闻记者应当是社会所敬重的人物，如果在人格上有了根本的缺点，就不能算做新闻记者。"他认为，作为一个新闻记者，最低限度要"第一，必须绝对忠实，必须以最客观之态度，从事新闻工作。……第二，必须生活于自己正当收入的工作中，无论如何个人不能取非工作报酬的津贴与政治军事有关之津贴"。

在武汉时期，"青记"提出的会员信条是："努力自我修养，健全本身人格，巩固共同意志，促进新闻事业，维护大众利益，发扬民族精神"。汪精卫公开投敌后，"青记"又向会员提出了一个"记者公约"草案，规定六条："一、拥护抗战建国纲领，促进中华民族之解放与建设；二、坚持新闻岗位，为新中国新闻事业而奋斗；三、不收受非法金钱，不曲用自己笔尖；四、发扬集体主义，加强新闻记者之团结；五、建立平凡坚韧之工作与生活作风；六、努力自我教育，提倡工作与学习并重之精神。"

"青记"对会员新闻职业道德方面提出的要求，给当时的新闻界带来清新之风。它不仅仅停留在书面，而且是由"青记"的领导层和会员们自己实践着的。

抗战之初，国民党将领汤恩伯指挥南口之战，英勇阻击日军，战功卓著。范长江在当时《大公报》上对汤恩伯作了许多正面报道，如"汤恩伯先生因为日夜辛劳的结果，瘦得不成样子，两个眼睛深深的凹入，整个身体剩下了皮包骨头"。"故日夜操劳精密指挥，已半月未曾得一安眠机会，整天和电话、地图接近，时时注意敌人一尺一寸的移动"。"青记"成立时，活动经费困难，便开展募捐。汤恩伯听说后，开了一张 5000 元的支票，说是送给范长江个人的，范长江听后大为恼火，认为这是对他人格的侮辱，当场掷还了支票，狠狠地骂了汤恩伯一番。尽管"青记"穷困，面对 5000 元的巨款，却弃之如敝履，绝不拿一分非分之财，这是"青记"倡导的廉洁作风的一个例子。

1939 年 1 月，范长江撰写的《新阶段新闻工作与新闻从业员之团结运动》，文中谈到青年新闻记者学会的经费问题时说："我们是服务团体，当然在初期不可能专靠会费收入来维持，一定要靠政府和社会各方人士之补助，有了充分经济，才能大规模地发展服务工作。但是这种正大光明的时代服务工作，不是不可见人的秘密的行为，我们欢迎抗战阵线上任何方面的公开捐款及补助，我们要将所有经济来源公开，要把所有用途公开，要在这方面反映青年记者学会是一个完全光明磊落的学术性的职业的服务的团体。"

"青记"的重要成员冯英子后来还谈到自己的一次特殊的采访经历。1939 年 9 月，他从重庆东下，来到武汉以西李宗仁所辖第五战区的游击区，在当时监利县政府，从县长口中得知驻守仙桃镇的是一二八师师长王劲哉，此人占地为王，割据一方，日本人去他打日本人，国民党去他打国民党。而仙桃是沔阳（现仙桃市）的首镇，武汉的近邻，是日寇向我进行经济渗透的通道。听说此人后，冯英子决定去仙桃镇采访。县长赶快极力阻止道："去不得。此前四十九师师长曾派一个参谋去联络王劲哉，结果被他活埋了。"冯英子仍然坚持前往。到达仙桃镇后，冯英子受到王劲哉的礼遇，王劲哉不仅接受了采访，还与他共进晚餐，并把他安排在同姓的冯副官家里住宿。第二天王劲哉与冯英子共进早餐之后，拿出一张自己的照片送给冯英子，并拿出一百块钱来对冯英子说："我这地方小，没什么东西可送你，这一百块钱，你随便买点什么吧。你要是不拿，就是不相信我，你知道我王劲哉的脾气。"在他的势力范围之内，冯英子知道这几句话的含义。但他想：我是中国青年新闻记者学会的会员，国际新闻社的记者，决不能接受任何馈赠，这也是"青记"会员和旧时代记者的不同之处。为防不测，冯英子收下了这笔钱，向王劲哉告辞。回到冯副官家，冯英子把那一百块钱当着冯太太的面分给了两个孩子，说自己什么也没有带来，这是给孩子们随便买点什么的。从这件事可见，"青记"会员们在采访中已经把"青记"的规则内化为自己的行动了。

范长江的二弟范长城回忆说，范长江对自己的亲属要求很严：

> 抗日战争时期，长江在重庆，我从内江去找他。他问我来干什么，我说来耍，那时我还小。他要我进学校，我说进巴蜀小学，他说那是贵族学校，他介绍我进陶行知办的育才学校。
>
> 过去我对长江有些地方不满意，他把亲属关系和革命关系分得太清。抗战时期，范家祥到重庆找他，他硬是不要他在"国新社"工作，原因就因为范是亲属。冯英子、任重等同志说了情，他说好嘛，先试用三个月……可是他对过去从不相识的人，只要有才华，只要能为抗日做点事，凡有求于他的，他都能慷慨解囊相助，哪怕自己也有困难。

从这些往事中，我们可以看到"青记"会员们在新闻职业操守方面表现出来的精神面貌。今天，我们在纪念中国记者的节日的时候，抚今追昔，缅怀"青记"的历史，更有理由珍惜前辈们的开拓探索与亲身实践，更好地践行中国新闻记者的职业道德准则。

（作者系湖北大学新闻传播学院院长、教授、博士生导师）

试论"青记"精神的
历史内涵与当代传承

陈海东

1937 年 11 月 8 日晚 7 时，在中日淞沪会战的隆隆枪炮声中，中国青年新闻记者协会（简称"青记"）在上海南京饭店正式成立。由于上海即将沦陷，随着国民政府西移到武汉，中国青年新闻记者协会也加紧在武汉成立自己的组织，同时在向国民党中宣部登记时更名为"中国青年新闻记者学会"（依然简称"青记"）。

1938 年 3 月 30 日，中国青年新闻记者学会第一次全国代表大会在武汉召开，吹响了全国新闻界团结抗战的新闻集结号。

"青记"的成立不仅在当时在武汉极大地凝聚了全国新闻界的力量，鼓舞了军民抗敌士气，而且新闻记者们从武汉出发，走向全国，以"星火燎原"之势席卷神州大地，直接为新中国新闻事业的发展壮大奠定了坚实的基石。现在全国百万新闻工作者的"娘家"——中华全国新闻工作者协会（简称"中国记协"）就来源于"青记"。2000年，国务院批复中国记协的请示，同意将"青记"的成立日定为中国记者节。

近几年来，因为 2015 年度拍摄电视专题片《新闻集结号》，2017

年度参与全国"好记者讲好故事"比赛巡讲活动，以及2017—2018年参与筹建"青记"历史陈列馆，让我对"青记"有了比较多的了解和接触。虽然记录"青记"活动、讲述"青记"前辈事迹的著述并不鲜见，但是系统总结、高度概括、凝练的"青记"精神是什么、包含哪些内容，目前在国内学术界、新闻界尚未看到专门的文章进行论述，还是一个空白。在此，我也算是毛遂自荐，试图对"青记"精神进行初步探讨，希望能够抛砖引玉。

一、回看历史，查阅文献，我们首先深刻感受到的
就是"青记"前辈身上体现出来的坚定浓烈的
爱国主义精神

国家兴亡，匹夫有责，"九一八"事变之后，日寇步步紧逼，"中华民族到了最危险的时候"，以范长江、陆诒、孟秋江、恽逸群、石宝瑚、赵悔深等为代表的青年记者对国家和民族的热爱和忠诚、责任和道义顿时被激发起来，他们奋笔疾书、他们振臂高呼，在新闻界打造了浩浩汤汤的爱国洪流。

"青记"创始人和主要领导人范长江在1938年1月为《新华日报》创刊时题词"为中华民族独立与自由而呼号"，这既是他对一个新生媒体的期望，更是他一生奋斗追求的目标。

"青记"早期会员，后来与范长江等一起发起成立国际新闻社的高天以诗明志，将浓浓的爱国情怀融入诗歌之中：

千万颗心结成一颗心，

这颗雄心爆发着反抗的火花，

千百万句话汇成一句话，

为了事业、祖国的自由，

工作直到最后一刹！

被誉为"作家记者"的赵家欣，是当时全国唯一一位在武汉既参加了"青记"一大，又参加过中华全国文艺界抗敌协会（中国作协前身）会议的传奇人物。1938 年，时年 23 岁的他在《血火中的行旅》通讯中写道："23 个年头，我终于翻到历史最伟大的一页了：是一个四万万人民求生存的伟大斗争历程，是一个具有五千年文化的古国绝续关头。面向着漫天的烽烟，我怀着沙漠旅行者发现水草一样的心情发掘到生命光辉里。于是，我把年轻的生命，投入在战斗巨人——亲爱祖国的怀抱里。"充满激情的语言充分展现一位青年记者热爱国家，共赴国难的意志和决心。

不仅自己预备为祖国献身，而且青年新闻记者还用自己手中的笔号召全国同胞为保卫国家奋起抗争，死战到底。

"青记"洛阳分会负责人赵悔深在评论中写道："这次战争是我们国家民族生死存亡的关头，只要有良心、有正义感的国民，没有一个不该把自己的生命，自己的所有统统交给国家。"

"青记"会员，《大公报》记者子冈在武汉会战期间先后撰写了《武昌被炸区域之凄惨景象》《烟火中的汉阳》等新闻稿件，在记录日寇狂轰滥炸、武汉损失惨重的同时，文末都附上血债血偿的短评。其中一篇这样写道："战争是残酷的，但对于疯狂了的侵略者，我们要以牙还牙，战争消灭战争，和平是在战争胜利之后。"

二、重走战地，梳理记忆，我们充分体会到"青记"前辈身上散发出来的舍生取义的英雄主义精神

曾经的"无冕之王"，如今一不小心就成了"无头之鬼"。在"青记"第一次全国代表大会上，时任国民党监察院院长的于右任对战地记者的职业危险，发出了这样的感叹："子弹与铅字共鸣，笔杆与枪杆齐飞"。国难当头，烽火连天的时候，"青记"成员为了鼓舞抗战的士气，揭露法西斯的罪恶，不怕成为"无头之鬼"，义无反顾地奔赴抗日战场，冒着敌人的炮火，采访、写作、发稿，用手中的笔与纸，在报纸杂志上奏响了一曲曲浴血奋战的英雄凯歌。

1938 年 4 月，徐州会战前夜。刚刚成立的"青记"就动员组织了一大批战地记者奔赴徐州火线。一位头戴铁盔、一身戎装、腰间斜插一把手枪的青年记者照片引人瞩目，他就是"青记"最早会员之一石宝瑚。二十七岁的石宝瑚以重庆《新蜀报》战地记者的身份穿梭在徐州前线的枪林弹雨之中。

一个记者有纸有笔不就可以了，还要什么手枪呢？我们采访了石宝瑚的女儿石葳。石葳说："他为什么要求配枪，为什么向李宗仁要求配枪，他就说哦，万一一个人或者很少人处境，突然遭遇鬼子的时候，一个是可以跟他拼，实在不行可以自杀。"

卢沟桥事变之时，"青记"理事、创始人之一的陆诒第一个作为

新闻记者进入宛平城。八年抗战中，他有四年在前线采访，写下了众多惊心动魄的战地篇章，如《娘子关激战》《踏进台儿庄》《热河失陷目击记》。陆诒的儿子陆良年回忆："遇到了敌机的扫射和轰炸，'咚咚咚'前面响，司机就不愿意再往前开了。停下来了，我父亲下车以后，对他们两个人，那个老记者和司机讲，你们在这里等我两个小时，两个小时我不回来，你们把车开回去。也就是抱着必死的心，那种信念冲到前线去，去采访。"

"青记"发起人之一孟秋江冒着生命危险，与最前线战士共生死，"用脚底板跑出大新闻"，参加了南口、平型关、潼关、徐州、中条山等战役以及江西东战场的采访报道，发表了《南口迂回线上》《烽火潼关》《大战平型关》《晋东鏖战记》等许多战地通讯。他的作品《退出太原城》被众多史学家引用，就是因为"在敌机轰炸中，人们都往外跑，我为珍贵的最后消息，仍由汾河西岸搬进城内，到最后一分钟再退出太原城"。

"人生自古谁无死，留取丹心照汗青。"为了国家独立，为了民族解放，"青记"中许多优秀的战地记者献出了年轻而宝贵的生命。

1937年12月11日，"新闻界撤出南京的最后一人"——南京《兴华日报》记者萧韩渠在撤离南京浦口时牺牲，成为自全面抗战以来牺牲的第一位记者。"青记"常务理事、《扫荡报》主编钟期森在桂林轰炸中遇难、《大公报》著名战地记者方大曾由北平前线转往山西战场采访时失踪，只留下渐行渐远的孤独背影。菲律宾《华侨商报》战地记者张幼庭，奔赴南浔会战火线。在九江江面，舰艇被敌机轰炸，张幼庭葬身江心。大武汉保卫战后期，《新华日报》奉命迁往重庆，在湖北嘉鱼段长江江面，日寇飞机炸毁航船，《新华日报》记者李密林、潘美年、陆从道以身殉职。"国新社"的战地记者李竹如、乔秋远、吴承德、李洪、雷烨、高咏、何民将年轻的生命献给了这片浸透鲜血的土地。

据不完全统计，自 1931 年"九一八事变"之后，牺牲在工作岗位上的记者达 150 多人。

山西左权县麻田镇西山村，在这里，矗立着全国唯一的一座新闻烈士纪念碑，祭奠着 1942 年在日寇疯狂扫荡中牺牲的 40 多位"青记"会员。

三、寻访后代，整理遗物，我们可以清晰地看到"青记"前辈身上洋溢着团结合作的集体主义精神

在"青记"成立之前，国内各家媒体记者之间很少往来，有的因为党派、门户之争而尖锐对立。"青记"成立后，团结广大新闻记者就成为其努力目标之一。在武汉召开的"青记"全国一大会议上通过了《中国青年新闻记者学会成立宣言》。该宣言大声疾呼：全国新闻界团结起来，去夺取抗战的胜利。大会选举的最高领导机构——常务理事会，《新华日报》的徐迈进、《大公报》的范长江、《扫荡报》的钟期森当选为常务理事，分别代表左、中、右各派力量。

"青记"通过创立国际新闻通讯社、编辑学术刊物《新闻记者》、开设"记者之家"等方式，尽可能把不同派别的记者聚拢在一起，消除隔阂、增强团结友谊，构筑起一张横贯大江南北、长城内外阵容强

大的新闻抗战网。

尤其是在"记者之家"里，一波又一波各报记者来来往往，在这里休养，又从这里出发。大家"集体生活、集体工作、集体学习"，在一起写稿子、译电码、发电报、办讲座，取长补短、互相合作，建立了深厚的友谊。

正因为如此，众多记者都留下短文赞美"记者之家"，陆诒每次来"记者之家"，就说要"回家"了，将军女记者胡兰畦称这里是"快乐之家"，"青记"会员俊闻在《赋记者之家》里深情写道："我们集体地创作着一本瑰丽的史诗，犹如培植一朵灿烂的花一样。"

在记者之家里，"青记"会员，大公报记者徐盈也留下一首非常生动、诙谐的打油诗：

又走到记者之家，

记者之家生意兴隆，容光焕发。

碧星[1] 闪烁于上，宝湖[2] 堤决于下，

药眠[3] 大师使用法宝蒲拉托[4]。

乃见——

高天[5] 共长江[6] 一色，

有绿椅[7] 一架正向西出发！

（注：[1] 陈碧星。[2] 石宝瑚笔名石燕，此时正患腹泻。[3] 黄药眠。[4] 补药名。[5] 高天。[6] 范长江。[7] 陆诒。）

中国抗击日本法西斯的战争得到了全世界的关注，世界主要国家

的通讯社、报纸都派了记者前来采访。如美国合众社的爱泼斯坦、英国《曼彻斯特卫报》的史沫特莱、苏联塔斯社的罗果夫、法国《人道报》的黎蒙、日本作家鹿地亘等。

这些外国记者和作家，绝大多数都是中国人民的朋友，同情中国人民的抗战事业。"青记"对他们在武汉以及前线的活动都给予了力所能及的帮助和关心，同时，"青记"选编部分国内记者的战地报道，提供给他们作为新闻素材。他们中间的许多人士，也经常和"青记"会员一起，结伴前往前线采访。其中，东南亚国家的部分华侨记者还主动加入了"青记"。

四、翻阅旧报、学习名篇，我们能够领悟到"青记"前辈身上蕴含的百折不挠、精益求精的敬业精神

1939 年，"青记"总会迁址重庆，在日军的轰炸中，"青记"办公场所被炸毁，这是一张当时留下来的照片，范长江站在废墟上大声说道："敌人可以炸毁我们的房屋，但不能动摇我们抗战的决心。"随后，他把自己仅存的衣物被褥分发给大家，共渡难关。

现在的我们已经很难想象当时战地记者遭遇的艰难与艰辛。"青记"洛阳分会会长、河南《大刚报》特派记者赵悔深与《河南民国日报》记者乔秋远在徐州的八天八夜里，他们渴了喝地沟里的水，饿了挖地里的红薯。一个雨夜，两人睡在一辆农民的牛车上，合盖着一件雨衣，冻得瑟瑟发抖，两个大男人不得不抱在一起取暖。

徐州会战结束后，参与报道的 30 多位记者历经百般困难，分头

突出重围，回到武汉。在"青记"的组织下，由战地记者们集体编撰的《徐州突围》一书仅用了两个月的时间出版发行。《徐州突围》一书收录文章33篇，既表现了徐州会战中残酷血腥的战斗、惊心动魄的经历，也展示了中国军民坚不可摧的意志与勇敢智慧的精神。全书共12万字，除了个别文章外，绝大部分是首次问世，是研究徐州会战最有影响的文献书籍之一。

上海沦陷后，"青记"创始人之一的恽逸群坚守租界"孤岛"中的外籍报刊鼓动抗日，报馆被租界当局多次查封，日伪特务也将其列入暗杀的黑名单。在这最艰险的时刻，恽逸群给几家报社同仁鼓劲说："今后的局势会更严重。不能办大报，我们就办小报；不能办小报，我们就办刊物；一切都不能办，就办壁报。""我不相信中国人不能在自己的土地上说话！"铿锵有力的话语划破黑暗的夜空，国民闻之鼓舞，侵略者为之胆寒。

旧中国，民不聊生，文盲遍地，真正能写新闻的记者并不多。为了尽快提高整个队伍的新闻业务水平，孟秋江和范长江、陈同生等在桂林组织举办"战时新闻工作讲习班"和"暑期新闻研究班"。陆诒、夏衍、冯乃超、张铁生、杨冬莼等分别担任战时新闻学概论、新闻采访与编辑、国际形势讲话和对敌宣传等课程的讲师。孟秋江还和范长江、邵宗汉、陆诒、黄药眠等合写了一本《怎样做好新闻采访工作》的小册子，作为"青记"会员、"国新社"记者和通讯员的学习读本。

从1937年11月创立，到1941年4月被国民党当局取缔，虽然"青记"前后只存在了三年多的时间，但是，新闻前辈们在枪林弹雨、滚滚硝烟之中同仇敌忾、激扬文字，创造了弥足珍贵的"青记"精神：那就是坚定浓烈的爱国主义、舍身忘死的英雄主义、团结合作的集体主义以及百折不挠、精益求精的职业精神。

80 年后，战争的硝烟已经散去，然而"青记"精神永存，新闻集结号永远嘹亮。今天，在中国特色社会主义进入新时代，实现伟大中国梦的征程上，不忘初心、牢记使命，传承和发扬"青记"精神依然有着重要的现实意义和重大的实践价值。

第一，传承和发扬"青记"精神要求我们坚定信仰、赤胆忠诚。在国家民族生死存亡的紧要关头，"青记"前辈将个人的全部智慧、力量乃至生命奉献给国家独立、民族解放，炮火中不后退、屠刀下不低头，展示出了崇高的个人气节和鲜明的忠诚本色。

当前，面对百年未有之大变局，我们更应该树牢"四个意识"、坚定"四个自信"、坚决做到"两个维护"，肩负起举旗帜、聚民心、育新人、兴文化、展形象的使命任务，奋力开创崭新局面，为新时代中国特色社会主义事业发展提供坚强思想保证和强大精神力量。

第二，传承和发扬"青记"精神，要求我们扎根基层、心系人民。除了在战场上出生入死之外，在大后方、在沦陷区、在城市乡村，"青记"前辈们同样走街串巷，心系百姓安危、关注民生艰难，呼吁休养生息，赢得了全社会各阶层民众的广泛赞誉。

与过去相比，现在社会环境发生了很大变化，但是党的新闻工作者优良传统不能丢，老一辈新闻工作者的为民情怀不能忘。穆青同志以"勿忘人民"作为一生恪守的座右铭，写就了大量新闻名篇。19年冲锋在采访一线，心中藏着大爱的安徽阜阳电视台记者高思杰；20年依靠自行车、脚底板走基层的"泥腿子记者"，辽宁丹东广播电视台的刘彤；17年为群众排忧解难的"胡同记者"、《齐鲁晚报》记者张刚……他们都是我们身边的榜样，可圈可点可学！

第三，传承和发扬"青记"精神，要求我们与时俱进、融合创新。前面说到，"青记"诞生之前，国内各家媒体很少往来，有的甚至尖锐对立。"青记"成立之后，适应时代需要，采取系列举措，通过打造"记者之家"，出版理论刊物《新闻记者》，创立民众通讯社——国际新闻社，使得不同党派、中央与地方、国内与国外的战地记者形成了大联合、大团结，一致对外抗击日本法西斯。

当今时代，信息技术的迅猛发展和广泛应用正在深刻改变着世界。互联网已经成为信息传播的主渠道和舆论竞争的主战场，这对做好新形势下新闻舆论工作提出了新挑战，也带来了新机遇。我们要积极推进传统媒体和新兴媒体的深度融合，加快推动从"相加"到"相融"迈进，更好地适应分众化、差异化、移动化的传播趋势，打造融媒体精品，使内容优势和传播优势相互促进、相得益彰。

80年风雨兼程路，80年峥嵘岁月稠。高峰时也只有2000多名会员的"青记"小苗，如今已成长为"参天大树"——全国百万新闻工作者的娘家"中国记协"。

为中国人民谋幸福，为中华民族谋复兴，是中国共产党人的初心和使命，也是党的新闻工作者的初心和使命。"不忘初心、牢记使命"，作为新时代的新闻工作者，我们将按照习近平总书记的

"四向四做"的要求，保持人民情怀，记录伟大时代，讲好中国故事，努力传承和发扬"青记"精神、做一名党和人民信赖的新闻工作者。

（作者陈海东系武汉广播电视台制片人）

中国青年新闻记者学会
在武汉开创的若干第一

邓　涛

一

武汉具有深厚的革命历史传统，其红色基因渗透在繁华都市的血脉深处。抗战烽火中的中国青年新闻记者协会诞生于上海。2000 年，经国务院批准，中国青年新闻记者协会的成立日——11 月 8 日被确定为中国记者节庆祝日。

中国青年新闻记者协会于民国二十六年（1937 年）11 月 8 日在上海成立，它是在中国共产党和周恩来同志的领导下，开展抗日统一战线工作和反对国民党新闻垄断的重要新闻团体。其前身是"上海记者座谈"。上海沦陷前夕，范长江、夏衍、章汉夫、陆诒、陈农菲、恽逸群、朱明、彭集新、羊枣等人发起成立中国青年新闻记者协会，于民国二十六年（1937 年）11 月 8 日举行成立大会，以参加"上海记者座谈"的成员为主，约 20 人左右。（见贾树枚主编的《上海新闻志》）

上海沦陷后，中国青年新闻记者协会迁至武汉，于民国二十七年（1938 年）3 月 30 日在武汉举行第一次代表大会，更名为中国青年新闻记者学会。

1938年武汉保卫战后期，"青记"的部分会员赴重庆，成立"青记"驻渝通讯处，与武汉的总会遥相呼应。1939年4月，"青记"决定将总会迁到重庆。"皖南事变"后，1941年4月"青记"总会被国民党重庆当局查封。尽管仅生存了短暂的3年半时间，但"青记"是中国爱国、进步的新闻工作者的一面旗帜，为新闻界团结抗日做了大量有益工作；是致力于民族抗战和中国新闻事业发展的，受共产党影响较为深刻并且具有统一战线性质的新闻社团。"青记"精神将激励一代又一代新闻工作者为祖国、为人民代言，书写中国新闻史上一页又一页的精彩篇章。

据1938年3月31日汉口《大公报》的消息《中国青年新闻记者学会成立》：

中国青年新闻记者学会昨日下午2时在青年会举行成立大会，到会者有于院长右任、邵部长力子、郭厅长沫若、曾处长虚白，中外报界及该会各地会员代表在汉全体会员共百余人。开会后，首由主席范长江致开会词，略谓成立学会之原因，为青年记者自我教育之需要及充实新闻事业，将来工作计划为：自我教育、出版刊物及举行讨论会等；组织战时采访团，集合失业及无业之优秀青年记者，采访战地新闻，以廉价供给内地及南洋报纸以电报通讯及摄影。最后盼全国性新闻界组织迅速出现云。次由朱明报告筹备经过，旋由指导长官训词，邵部长力子祝学会成功。于院长右任谓记者即学者，学者即记者，战场为记者练习室，盼大家努力。陈部长诚代表吕沧若盼新闻界团结及保持国家立场。康厅长泽代表白瑜，说明组织之必要。继由来宾爱泼斯坦、沈钧儒、阎宝航致词。最后选举总会理事会理事，当选者为武汉徐迈进、范长江、钟期森，上海朱明、恽逸群等 11 人。

"青记"总会和武汉分会会址最先设在汉口铭新街济世总里 2 号，后迁至江汉路宁波里 12 号。它以服务工作为中心，其原则是为一切抗日报馆、抗日新闻记者及抗日新闻工作服务，从具体工作中推进抗日新闻事业，以促进抗日政治之发展。服务范围有：代各报馆介绍新闻技术人员，介绍新闻关系，协助发展新闻网，协助调解新闻从业人员与报馆的关系，办理失业登记、失业救济，建记者宿舍，开办新闻讲习班，出版新闻学书籍杂志，设立小型新闻图书馆，协助华侨记者并与海外有新闻兴趣的青年联系，清除会员中主张附敌妥协求和者。

武汉在"青记"的事业发展史上，创造了诸多"第一"：促成全国记者首次大聚会，建立第一个"记者之家"，组成第一个"战地记者采访团"，在战火中出版首本新闻专刊《新闻记者》，创办第一个抗战时期中国对国际社会的宣传平台"国际新闻社"，等等。

二

"青记"总会在汉期间，在战火中成长、在困境中奋斗，办成了若干大事、好事、美事。

全国记者大聚会

1938 年 5 月 27 日，"青记"在汉口江汉路普海春西餐厅欢迎从徐州会战前线平安撤退到武汉的战地记者。这十多个人都是"青记"成员，他们多数是从"台儿庄大捷"前就去鲁南一带采访的，直到徐州会战结束才得以返回汉口，历时 40 多天。范长江在会上介绍了抗战将士不怕牺牲的英勇场面，一面称赞李宗仁将军的指挥才能，同时也指出了后一段会战中战略上配合不够的缺陷；对于正面阻击敌人的孙连仲将军，范长江作了高度评价。继而众记者自由交谈，周海萍、汪止豪、新加坡《星中日报》女记者黄薇等谈及一些战争实况与新的工作经验。

1938 年 7 月 14 日，同一地点又举行了一次规模更大的欢迎会。《大会报》记者孟秋江、高元礼，《新华日报》记者陆诒，中央社记者丁继昶、张明烈、李丕组，《扫荡报》记者张剑心，原天津《益世报》记者王研石，《云南日报》记者李冠东，美国记者史沫特莱、艾德加·斯诺，加拿大记者尤金斯，英国记者史密斯，泰国《华侨日报》记者蔡学余等中外记者 40 余人欢聚一堂。舒宗侨、徐叔明和徐怨宇三位主持招待会。

"记者之家"

1938 年 9 月，长江下游的战事节节失利，日军沿江进攻武汉，战事吃紧！从前线返汉的战地记者日增。"青记"的部分人员向重庆移动，留下来的受命参加"保卫大武汉"的工作。为了安置从前线归来的各路战地记者，"青记"临时在汉口的长春里租了几间房子，名曰"记者之家"。范长江同众记者住在一起，长春里成为记者的活动中心。记者们不时地举办报告会、讲演会、座谈会等，定期出版"记者之家"壁报。"在民族复兴的血战里，我们是生息在沙场上的。千万的居民，失去了他们的房屋，我们流浪的记者，哪有家呢？有的。这就是能让我们暂时安居一日、两日的汉口记者寄宿舍。这里有年长的哥哥，新来的弟弟，统统在一个伟大的企图之母亲的策动下活动着！"壁报上刊发署名耐秋的小文《爱它也得离开它》中写道："我爱着记者之家呵！正因为爱它，然而职务叫我不断出发前方，所以我还得迅速地离开它！"

"战地记者采访团"

在台儿庄前线，聚集着几十位各地赶来的记者。这是"青记"在汉成立后不久，组织的对"台儿庄战役"的集中报道，也是"青记"组织的最大、最典型的大规模采访行动。1938 年 4 月 6 日我军发起总攻，范长江和陆诒抵达孙连仲的司令部，采访了孙将军。当日下午，范陆两人骑马赶赴三十一师师长池峰城的指挥所。晚九点半开始反攻，池峰城部夜战成功，在 7 日凌晨收复了台儿庄。次日"台儿庄大捷"之消息刊登在《大公报》头版头条，全国人民为之欢欣鼓舞。有人赞曰："长江一支笔，胜过百万兵。"

创办《新闻记者》

1938 年 4 月 1 日，"青记"学术组主编的《新闻记者》月刊在汉口创刊。范长江在"青记"总会兼负学术组责任，在该刊创刊号上写了《青年记者学会组织的必要和前途》一文代发刊词。创刊号即召集当时在武汉的各方面代表人士，举行国事座谈会，通过大家发表意见，坚定抗战的决心，反击投降派的活动之忠实记录。《新闻记者》的主要内容是研究新闻学术，反映国内外新闻界情况，传播新闻工作经验。该刊始由范长江主编，从第 2 期开始，实际由朱楚辛做具体工作，冯英子帮助看稿子、写文章。在武汉出版了七期，在长沙出版了第 8 期，辗转到桂林出了第 9—10 期两期合刊。（据中国记协国内部原主任王大龙的《抗战烽火中的中国青年新闻记者协会》一文）

"国际新闻社"

国际新闻社是"青记"的姊妹组织。其成立于长沙都正街 78 号，发稿于桂林环湖路 20 号，但该社的谋划却在武汉。国民政府军事委员会在汉成立了国际宣传处，专事向海外发稿工作。根据周恩来同志的指示，在国民政府军委会第三厅任处长、主管战时宣传的胡愈之，召集范长江、孟秋江等商议建立中共自己的通讯社。他们最终决定以"青记"会员为骨干，共同发起成立"国际新闻社"，向国际宣传处供稿，进行公开、合法的新闻活动。1938 年 9 月 30 日，范长江代表国新社与国际宣传处处长曾虚白签订供稿协议。协议签订不久，武汉沦陷，范长江赴长沙。1938 年 11 月，"国际新闻社"在桂林正式成立，有一百多名社员，不少系文化界的知名人士。

三

诸多"第一"亮出了"青记"的旗帜,"青记"与"国际新闻社"巧妙利用合法地位、敌人的内部矛盾等有利因素,和《新华日报》互相配合,发出了时代最强音,其业绩堪称中华民族追求独立奋进历史中的一朵朵"战地黄花"。"大武汉"时期的"青记",会员与分会组织情况均呈迅猛增长之势。1939年1月,范长江撰文《新阶段新闻工作与新闻从业员之团结运动》,文中指出:"青记"在汉口成立时,会员不过六七十人。至1938年底,全国会员已达600余人。以分会言,在汉口成立时,只有武汉、成都、长沙、上海4个分会,而以后成立者有第五战区,重庆、西安、南昌、兰州、广州、香港、延安、太行山、鄂北、榆林各分会。南洋及昆明、贵阳、桂林各分会亦正在发展中。新增的会员和分会,主要是"青记"在武汉时发展的。

1938年10月武汉沦陷前夕,"青记"总会先后迁往长沙、桂林,而后抵达重庆。1941年"皖南事变"后,国民党中宣部悍然下令停止"青记"的一切活动。在国统区的各地分会先后被封,而在延安和敌后抗日根据地的分会则继续活动。2000多名"青记"会员坚持"爱国、进步、责任、担当"的基本宗旨和使命,一如既往地在不同岗位上坚守、奋斗,一直坚持到全国解放。他们中不少人成了新中国新闻事业的骨干力量。

(作者邓涛系湖北第二师范学院新闻系副教授)

新闻"集结号"永远嘹亮

——试论武汉建设"青记"历史陈列馆的使命与担当

陈海东

2018年3月31日下午，纪念"中国青年新闻记者学会第一次全国代表大会"80周年座谈会在武汉召开。会议首次向外界透露了一个重大的信息：武汉将建设"中国青年新闻记者学会历史陈列馆"，前期筹备工作已基本完成，即将进入招投标和施工阶段。

"青记"历史陈列馆从2017年9月底启动筹建，在两个多月的时间里完成了选址、资料收集等工作。工作人员爬山涉水，日夜行程三千多公里在全国各地寻访"青记"会员后人，征集到实物、书籍90多件，照片2400多张，视频500多分钟。

中国记协党组书记、常务副主席胡孝汉在会上表示：下一步，中国记协将大力支持"中国'青记'历史陈列馆"建设。市委常委、宣传部部长李述永要求工作专班，保证质量，加快进度，早日为武汉增添新的红色记忆。

80年前的1938年3月，中国青年新闻记者学会（简称"青记"）在武汉召开第一次全国代表大会，吹响了全国新闻界团结抗战的新闻集结号。"青记"是抗日战争时期中国共产党领导和支持的全国性新闻记者组织，也是"中国记协"的重要前身。因此建设中国"青记"武汉陈列馆，对于全国新闻界具有重要的纪念意义和教育作用，也是武汉市实施红色引擎工程的重要平台和抓手。

一、国家层面的重视与支持，武汉市肩负建设陈列馆的使命

2017 年是中华全国新闻工作者协会（简称"中国记协"）成立 80 周年华诞，中共中央总书记习近平专门发来了贺信。在中共中央宣传部批准的《中国记协成立 80 周年纪念活动总体方案》中将恢复记协旧址、建设纪念陈列馆作为重要项目。

2017 年 7 月、8 月间，中国记协党组书记、常务副主席胡孝汉，中国记协书记处书记张百新，先后来到武汉，参观考察"青记"旧址，与省委宣传部和市委、市政府、市委宣传部领导商讨纪念"青记"事宜，并达成了许多重要共识。

2017 年 9 月底，中国记协专门向武汉市委、市政府、市委宣传部发来商请函，函件内容包含武汉"青记"基本情况和重要贡献、全国"青记"旧址恢复工作进展、恢复武汉"青记"旧址的重要意义、武汉"青记"旧址回复两种方案和工作建议等 4 个大部分，共约 2000 字。

中国记协来函的最后恳请武汉市委、市政府及市委宣传部协调有关部门，大力支持武汉"青记"旧址恢复工作。同时表示，如果中国"青记"武汉陈列馆建成，中国记协将向中宣部申请，将其列为国家级马克思主义新闻观教育培训基地和新闻战线"走转改"活动基地。

作为代表全国百万新闻工作者的组织，中国记协如此重视和支持中国"青记"武汉陈列馆的建设，既是武汉新闻界的光荣，更是武汉市这座城市应当肩负并完成的国家使命。

二、"青记"精神的记忆与传承，武汉市承担建设陈列馆的责任

1937 年 11 月 8 日，中国青年新闻记者协会（上海"青记"）在上海南京饭店二楼会议室内创立，随即转入武汉。

1938 年 3 月 30 日，"青记"在汉口基督教青年会二楼礼堂召开第一次全国代表大会，正式更名为"中国青年新闻记者学会"，并通过了《中国青年新闻记者学会成立宣言》，致力于宣传抗战、争取民族独立和发展中国的新闻事业。随着抗日战争形势变化，"青记"总会于 1938 年 10 月迁出武汉，辗转于长沙、桂林，后于 1939 年 5 月迁至重庆。"青记"先后成立了 40 多家分会，会员近 2000 人。1941 年，"青记"总会和国民党统治区各分会被查封，抗日民主根据地各分会仍继续活动。

"青记"虽然最初创立于上海，在武汉活动的时间也不长，但"青记"一系列具有里程碑意义的重要活动是在武汉期间开展的。

一是组建战地记者采访团，在武汉召开成立大会后，"青记"会员纷纷奔赴抗日前线，为抗日宣传事业奉献出了热血甚至生命，写出了一篇篇不朽的新闻报道。

二是在武汉"青记"出版《新闻记者》会刊，报道抗战形势，研究新闻学术，并对各地分会工作进行指导。

三是在武汉"青记"开办"记者之家"，帮助从各地流亡到武汉的记者，共同为抗日宣传服务。

四是筹备成立"国际新闻社"，打破国民党新闻封锁，及时向国内外传递中华民族顽强抵抗侵略的事实，争取最大范围的支持。"青记"将全国进步记者凝聚到团结抗日的旗帜下，为推动抗日战争胜利和中华民族解放事业贡献了积极力量，在党领导的中国新闻史上留下了浓墨重彩的一笔。

因此，在武汉建设"青记"陈列馆，通过陈年的文物史料、珍贵的图片文献、现代化的展览手段，不仅可以鲜明地呈现中国人民抗日战争史上辉煌的新闻篇章，保留清晰的新闻历史记忆，而且能够大力弘扬新闻界前辈身上体现出来的坚定浓烈的爱国主义、舍生取义的英雄主义、团结合作的集体主义以及百折不挠、精益求精的职业精神。

三、各级领导的指示和要求，武汉市推进建设陈列馆的动力

中国记协党组书记、常务副主席胡孝汉在汉考察"青记"旧址，商讨"青记"纪念陈列事宜时，省委宣传部主要领导、市委副书记、常务副市长陈瑞峰，市委常委、市委宣传部部长李述永明确表态大力支持。

在中国记协正式发出相关公函给武汉市委、市政府和市委宣传部之后，市委常委、市委宣传部部长李述永专程调研了黎黄陂路"青记"旧址，并且要求武汉市记协、武汉广播电视台成立专班，积极谋划筹备、认真落实好中国记协、省市领导的要求。

在"青记"武汉陈列馆筹备工作专班的重大事项报告上，市领导

陈瑞峰、李述永都在第一时间予以批复，同时指示相关城区、部门形成合力，加快筹备建设步伐。

作为"青记"陈列馆领导小组成员，市政府副秘书长席丹、武汉广播电视台台长何伟靠前指挥，亲自审阅展览大纲、内容，参与协调地址选定、房产租赁、经费报批等复杂事项，有力地推进了筹备工作的进展。

四、兄弟城市的进展和成果，武汉市加快建设陈列馆的推力

敢为人先、追求卓越是武汉的城市精神，但是在"青记"纪念和保护上，与兄弟城市相比，武汉还须加快步伐、拼搏赶超。

上海、武汉、重庆是"青记"组织地位最重要、活动最活跃的三个地方。2017年11月3日，上海"青记"会址纪念馆，重庆范长江生平纪念展先后揭幕展出，为中国记协成立80周年、第十八个记者节献上了一份厚礼。

上海"青记"会址纪念馆位于上海山西路南京饭店原址内，展览面积52平方米。100多件书籍、报刊、图照、器具、音像制品等，复原了"青记"不平凡的发展历程，反映"青记"成员光辉业绩。目前该馆是上海市文物保护单位。

范长江是"青记"的创立者和主要领导人物。重庆范长江生平纪念展位于范长江的岳父——沈钧儒故居里。展览布满两层楼内的各个房间，展出图片171幅、影印件27件，范长江著作原件10部，铜像一座，制作纪录片一部，场景复原一间。

面对兄弟城市在纪念"青记"上的进展和成果，后发的武汉将变压力为动力，转劣势为优势，紧盯 2018 年是"青记"第一次全国代表大会召开 80 周年这个时间节点，工作专班以"等不得、坐不得、慢不得"的紧迫感，全力推动陈列馆各项工作落到实处。

2018 年 12 月 8 日上午，中国青年新闻记者学会历史陈列馆揭牌仪式在武汉举行。中国记协党组书记胡孝汉、湖北省委宣传部常务副部长张海明、武汉市记协主席何伟出席开馆仪式并致辞，"青记"创始人之一范长江之子范苏苏、武汉广播电视台记者陈海东发言，胡孝汉和武汉市人大常委会副主任胡树华为陈列馆开馆揭牌，范长江之子范苏苏、陆诒之子陆良年、陈碧星之子陈洣加等十余位"青记"发起人后代和湖北省、武汉市新闻界代表百余人参加开馆仪式。

"青记"历史陈列馆位于江岸区大智路吉庆街一期 1 栋 4 楼，展馆建筑面积 260 平方米，建设工作历时一年多。整个展馆分为序厅、前言、群英汇聚、战地记者、记者之家、一刊一社、薪火相传、党的领导、结语等八个部分，通过 235 张珍贵照片和近百份书刊、报纸、文件等实物资料，复原了"青记"不平凡的发展历程，是目前国内规模最大的关于中国记者组织的历史陈列馆。

至此，历时一年多的艰苦努力，砥砺前行，一个还原历史真实、彰显新闻特色、放大武汉元素、呈现时代进步的"青记"陈列馆终于在武汉闪亮登场，惊艳四方。武汉新闻界用实际行动传承和发扬了"青记"精神，践行了"做党和人民信赖的新闻工作者"的神圣诺言。

（作者陈海东系武汉广播电视台制片人）

高举团结的旗帜　勇担爱国的责任

——"青记"在武汉

龙　伟

1937 年 11 月 8 日，顶着"淞沪会战"的硝烟与炮火，中国青年新闻记者协会在上海南京饭店举行成立大会。当时"淞沪会战"已进入后期，抗日部队开始向西撤退，上海沦陷在所难免，经过讨论后，协会决定由范长江负责在武汉组织分会。1938 年 3 月 30 日，"中国青年新闻记者学会"（以下简称"青记"）在武汉正式成立。自 3 月 30 日在武汉成立至 10 月底被迫辗转长沙，"青记"在武汉只存在了 7 个月。尽管"青记"武汉时期较为短暂，但在中国近代新闻事业史上留下了光辉灿烂的一页。

作为统一战线性质的职业性群众团体，"中国青年新闻记者学会"在成立之初就聚集了一批进步的新闻工作者。作为统战性的组织，"青记"以抗战爱国相号召，在全国新闻记者中建立起最广泛的抗日统一战线。"青记"在上海创立时，仅有 20 多名会员，武汉时期"青记"得到迅速发展，1938 年底全国已成立分会十余处，发展会员 600 名左右。"青记"会员分布国内 105 家新闻机构，占全国报馆的 95% 以上。这些成员除了不同党派新闻从业人员外，还包括代表不同地方、不同利益阶层的新闻从业人员加入。近代以来各类记者组织甚多，但"青记"覆盖之广、囊括之全、影响之深远，可谓史无先例。

"青记"之所以能取得如此大的成就，很重要的原因在于"青记"高举团结的旗帜，勇担爱国的责任。"青记"在汉口时，就提出了"努力自我修养，健全本身人格，巩固共同意志，促进新闻事业，维护大众利益，发扬民族精神"的口号。正是因为高举团结的旗帜，肩负救亡的使命，"青记"才能团结来自不同党派、不同利益团体的新闻从业人员，以民族救亡为己任，奔走呼号。武汉成立大会后不久，因北方战势焦灼，"青记"记者纷纷奔赴抗敌前线。由于紧邻前线，徐州成为了中外记者的聚集地，"青记"的记者们不仅"在工作上通力合作"，并且在生活上"也发挥了团结互助的集体主义精神"。在这种处境下，陆诒说他们"完全摒弃了过去那种'同行不合作'的新闻界旧作风"。记者们在完成自己任务的同时，还帮助战区撰写战地通讯，共同工作、共同学习。徐州突围之后，为了筹备经费，"青记"的成员还将当时各报记者撰写的战地通讯集中起来，编成《徐州突围》售给了生活书店。据冯英子回忆，"这 400 元稿费，就成为'青记'的头一笔经费"。同甘共苦、艰苦奋斗的点点滴滴，在"青记"发展历程上举不胜举。正是在这种团结一致、共同抗敌的精神感召下，"青记"成员不论党派，放下成见，共同书写了抗战新闻报道的光辉篇章。

为团结抗战，凝聚力量，武汉的"青记"总会承担了大量会务工作。一方面，"青记"总会积极加强与分会的联系，组织"记者之家"，编辑《新闻记者》，努力推动工作发展；另一方面，"青记"还要接待各地同业，举行定期、不定期的各种座谈会、讨论会、欢迎会、慰问会，交流战时新闻工作经验。例如徐州突围后，"青记"总会、武汉各报社专门为突围归来的会员举行欢迎会，表示热烈慰问。为让各地新闻记者及有志于从事新闻工作的青年进步提高，"青记"还积极组织推动新闻教育的发展。"青记"先后办起了新闻学院、新闻工作研习班、新闻星期讲座、新闻学术讲座等，收到很好的效果。"青记"的种种努力都旨在团结同道、服务同业，抗战救国。在战时艰苦的环境下，"青记"的付出与努力，也让"青记"的会员们感到温暖和振奋，终身难忘。"青记"会员胡耐秋曾深情地说，在汉口的"记者之家"里"有年长的哥哥，新来的弟弟"，家的温暖让他深爱不已。

值得一提的是，"青记"的团结抗战不但在新闻行业中建立了最广泛的统一战线，而且还在实际的工作中帮助、争取、培养了大批进步记者。在武汉时期，"青记"也为中国共产党培养了大量杰出的新闻干部。在"青记"的领导之下，很多进步记者在战争报道中认清了现实，找到了自己追寻的革命道路。"青记"撤离武汉前后，范长江、孟秋江、陆诒等一大批知名的战地记者纷纷"左转"，加入了革命的新闻队伍。这些进步记者的纷纷"左转"，显然与"青记"在武汉的活动有着密切的联系。

抚今追昔，回顾"青记"的武汉岁月，"青记"高举团结的旗帜，勇担爱国的责任，团结一致，共同抗敌，为建立抗日统一战线、树立抗战必胜信念贡献卓著，影响深远。作为"青记"历史上的重要阶段，"青记"武汉时期不仅对"青记"具有承前启后的重要意义，在中国新闻史上也有其不可磨灭的价值。

（作者龙伟系重庆大学新闻学院教授）

试论提升中国"青记"历史陈列馆的公共文化服务能力

詹小林

博物馆文化是城市公共文化服务体系的重要组成部分。

中国青年新闻记者学会历史陈列馆是以习近平总书记十九大报告中"继承革命文化，发展社会主义先进文化，不忘本来、吸收外来、面向未来"的精神为指导，打造的一个以"记者"历史为主题的陈列馆。建成以后，如何从社会发展和公众需求的角度出发，用创新的手段不断提升其公共文化服务能力，拓展服务渠道，充实服务内容，将其建设成为具有全国影响的马克思主义新闻观教育培训基地和新闻战线"走转改"活动基地，以此促进中国新闻事业发展，同步推动武汉文化大繁荣大发展的进程是其未来发展要解决的方向性问题。

一、树立正确的博物馆陈列馆公共文化服务理念

"青记"陈列馆落成之后，其核心价值体现，应该从保护"新闻"文物藏品，向引领城市文化、弘扬城市精神、搭建城市多元文化交流平台等方面发展。下一步要对陈列馆功能的延伸等进行深入研究，

"青记"陈列馆应该不仅仅止步于"新闻"圈子，而要积极整合各种博物馆资源，资源共建共享，形成城市博物馆公共文化服务的合力。只有树立"公共文化服务"理念，才能指导各项工作的创新开展，陈列馆公共文化服务的作用和职能才能得到真实全面的发挥和体现。

二、开启"互联网"与陈列馆融合，深度融合提升公共文化服务能力

互联网作为当今时代最具发展活力的信息传播工具，已经融入人们生活的方方面面。中国"青记"历史陈列馆展陈设计中运用了比较新颖的互联网新媒体技术。智能机器人可以充当讲解员、咨询员，还可以放视频。"青记"的云端建设，让"青记"陈列馆具有了向互联网创新发展的空间。"青记"历史陈列馆在基本建设完工以后，未来应该以"互联网＋"为目标，充分发挥媒体传播优势，策划网上活动，开展例如"小小记者"等市民喜闻乐见的活动，线上线下结合，全面有效地进行公共服务，突破传统工作模式，挣脱时间和空间的束缚，延伸社会服务的链条。

三、馆校深度合作，依托陈列馆建设青年新闻人才培养基地

时下，在博物馆事业发达国家，将博物馆纳入国民教育体系已成为普遍行为。武汉学校资源丰富，仅在校大学生就有 120 万人。"青记"历史陈列馆应该积极开拓馆校深度合作，和教育部门合作，开展

例如"新闻课堂进展馆""陈列馆走进学校"等活动，这样一方面可以让新闻教学获得教学过程的生动性，让学生们了解历史，热爱武汉；另一方面，陈列馆也可以建立自己的人才体系，与学校作为"文化"与"教育"深度结合的典范，推进我国"文教结合"事业的发展。

中国"青记"历史陈列馆未来不仅仅是马克思主义新闻观教育培训基地，新闻战线"走转改"活动基地，武汉新闻事业丰硕成果的重要展示窗口，它也将是武汉红色文化资源的一个新平台。陈列馆的长远发展有利于满足公众的多样性需求，并为提高武汉全体公众的文化素质和文化生活水平贡献自己的力量。"青记"历史陈列馆公共文化服务作为一项系统性的工作，涉及方方面面，还有待我们进行更广泛深入的研究。

（作者詹小林系武汉市记协秘书长、原武汉广播电视台副总编辑）

伍 | 传承创新

　　抗日战争的硝烟已经散去，然而"青记"精神永存，新闻集结号永远嘹亮。今天，在实现伟大中国梦的征程上，不忘初心，传承和发扬"青记"精神依然有着重要的现实意义和重大的实践价值。

这梦想，从未止步

——中国"青记"历史陈列馆建设历程随想

方红芹

2017年10月，我从武汉广播电视台科技生活频道借调到记协，和詹小林副总编辑、戚昌慧秘书长、武汉广播电视台新闻中心陈海东老师一起参与中国青年新闻记者学会历史陈列馆的建设。从撰写电视稿到做项目，这对我来说是一个巨大的转变，多年记者生涯形成的思维模式让我思考的第一件事是——找一个开始。

什么是"青记"？哪里是它的开始？什么又是它的灵魂？我们该怎样从蒙尘的历史、模糊的记忆中找到它的"初心面目"并将其展示出来，让它重新变得生动、鲜明、隽永，历历在目，触手可及？带着这样的探索之心，我们踏上了追寻之路。

穿越时光之海

位于上海山西南路200号的南京饭店，是一栋历经80多年风雨沧桑的老建筑，今天它又因承载的历史人文内涵而成为上海新的文化地标，这里是我们探寻之路的第一站。

1937 年 11 月 8 日，一群进步青年新闻工作者正是在这所饭店的房间里商议成立了"中国青年记者协会"。起初，我满怀着好奇，为什么"青记"的故事是从这所饭店开始的呢？翻阅历史得知，"青记"之所以在南京饭店成立，得益于它独特的环境。20 世纪 30 年代，距离南京饭店不远的望平街，是当时中国报馆最为集聚之所，《申报》等 30 多家报馆集聚于此，有"报馆街"之称。离望平街最近，位于租界内的南京饭店是记者们常常聚会座谈、商议选题、探讨问题的场所之一，"青记"在这里诞生自然也顺理成章。

沿着木楼梯拾级而上，"青记"成立会址纪念馆呈现在眼前。一幅幅照片、一件件文物和一块块铭牌泛着岁月的柔光。听着老式收音机里播放的慷慨激昂的《记者之歌》，我们一行人似乎穿越时光之海，以"3D 模式"回到了 80 年前的那个夜晚，体验着"青记"创始时的足迹——

1937 年 11 月 8 日夜晚，苏州河两岸火光冲天。这一天，几十万中国军队正从闸北撤往苏州河南岸。整座城市，被隆隆炮声笼罩，街面上空无一人，夜色中一片死寂。入夜七点，却有 15 名年轻记者，从各方汇聚到南京饭店的这间房里。他们代表 24 位发起人，在饭店召开了一次会议，发起成立中国青年新闻记者协会。

房间不大，当年 15 人坐在一起可能略显拥挤。他们当时的表情，一定是凝重而忧郁，激愤而坚韧。是啊，窗外已经可以看到鬼子刺刀的寒光，军队正在撤退，家园即将陷落。在这个国破家亡、生命朝不保夕的时刻，人们都忙着拖家带口逃向更安全之地，有谁还会冒着炮火和刀光去参加一个会议？

只有他们——"青记"的创始者们。

这不是一次普通的会议，这是一次在炸弹和机关枪洗礼中的"诞生"，这是一次中国知识分子在面对国家生死存亡时刻的表达，更是一次对反人类强权的宣告——暴力，可以摧毁我们的城池，可以掠夺我们的物资，可是我们的文化是任何暴力所不能摧毁的！我们手中的笔，即将唤醒中华广大的肥沃土地上到处都埋着的种子，我们的文化、我们的土地和人民将永远存在！

"前进，同志们！我们是青年记者，是文化的战斗兵。在这伟大的战斗之中，我们要用鲜血写出民族的雄姿，我们要用双手广播革命的火种。"回荡在房间里的这首《记者之歌》让在场的我们瞬间理解了"青记"80年前的这个开始。

血水比泪水更有营养，站着比跪着更有力量。

"青记"吹响的是新闻集结号，让更多声音在国家民族的梦想下汇聚，让思想的光芒照亮国家民族的前路，催生出更多热血的复苏。

集结号吹响五个月之后，1938年3月30日，100多位记者辗转奔赴武汉参加"青记"第一次全国代表大会。会议通过了《中国青年新闻记者学会成立宣言》，该宣言只有700多个字——"抗战一定能胜利……我们是愿献身于新闻事业有青年精神的记者组合"。会后，多位记者从武汉开赴台儿庄战场采访报道，他们中的有些人甚至一去不回，将热血洒在了他们热爱的土地上。

什么是"坚定浓烈的爱国主义"、什么是"舍生取义的英雄主义"、什么是"团结合作的集体主义"、什么是"百折不挠、精益求精的敬业精神"，这些"青记"的精神都在国家民族的震荡中得到了检验，在抗战的烽火中得到了阐释，并且最终凝结为今日国家与民族精神力量的一部分。建立中国青年新闻记者学会历史陈列馆，是为了纪念那些逝去的人和物，也是为了弘扬那曾激荡中华的精气神。

当我们穿越时光，感受到 80 年前"青记"初心和梦想气息的那一刻，我们内心也有一种情感在复苏。我们也期待给自己一个见证，见证一群记者能否迎接挑战，在陈列馆中延续先辈们的梦想，见证一群展览行业的"门外汉"能否迎来一次精彩跨界，承继前志，燃灯前行。

我们感觉自己又一次站在见证历史的起点线上。

风雨兼程之路

真正置身其中，才发现建一个陈列馆绝非易事。

首先是文物、资料收集十分困难。80 年，足以让小孩长为垂暮老人，让废墟变为陌生新城，让记忆蒙上厚厚的灰尘。80 年前的抗战时期，记者们本来就过着极其简单、风雨飘摇的日子，物资极其匮乏，能留存到今天的物品十分有限。

记得我们刚开始收集资料的时候，詹小林副总编辑亲自带着大家周末集体到文物市场上去"淘宝"。一听说我们要抗战资料，卖家还蛮自信。再一听我们要抗战时期关于记者的文物资料，头摇得像拨浪鼓，说市场上不可能有这样的东西，我当时就有点泄气。

詹总和戚秘书长鼓励我们说，办法总比困难多。我们开始到南京、徐州、台儿庄、重庆四处寻找资料，上海记协、重庆记协、台儿庄记协的领导同志非常热情，给了我们大力的支持，这些珍贵的帮助让我们有了迎难而上的勇气。

旅途中自然有一些艰难。记得我们到南京的当天，当地突然下大雨，温度陡降，大家都冻得瑟瑟发抖，差点生病。2018 年 1 月，由于河南下大雪，京广线停运，在北京查完资料，本来买好上午动车票的詹总和海东老师在火车站等到晚上五点无果，只能退票改签第二天上午的火车。等他们拖着一堆沉重的资料第二天再次辗转到北京站，竟然得知因为大雪，火车再次延迟。他们只能背着几十斤的资料在火车站继续等待，直到当天下午两点才坐上了回汉的列车。

跟后面的经历相比，这点旅途中的磨难还算不了什么。开始建陈列馆项目的时候，我们十分乐观，认为建馆落成可能就是一两个月的事情。只要财政资金一到位，找一家展陈公司合作装修布展，我们自己收集一部分文物，时间抓紧一点，2018 年 9 月份开始着手，那么抢在记者节（11 月 8 日）就可以开馆了。可是，事实是，建陈列馆是国家财政资金，必须走资金拨付、招投标流程，这两项工作的专业程度和耗时之长完全超过了我们的想象。

所幸武汉市财政局派专家指导我们，记得光是给我们的项目定性（即我们的项目是属于集中采购还是分散采购），专家们就拿出了厚厚的几本分类依据和我们一条条分析、探讨，指导我们如何运作。等到了需要在政府采购中心走招投标流程的时候，我们又碰到了一个大大的"拦路虎"——政府采购平台只对有目录的单位登录采购，而我们广电不在目录里，如果没有登录权限，我们连参加政府采购的资格都没有！眼看工期在即，可是我们连门都进不了，大伙儿的心里特别焦虑。武汉市委、市政府、市委宣传部的领导和武汉文博行业的专家、政府采购中心先后召开了三次协调会推进工作，政府的席丹副秘书长还特地到广电来，坐在记协狭小的办公室里现场办公。最后针对公益事业特事特办，历经大半年的时间，我们完成了前期所有手续的准备工作。

其间，当我们的目光从手续流程上抬起时，"展陈内容"成为同时考验我们的重大命题。

陈列历史不只是摆出几页冰冷的纸张，我们心中对新闻事业深挚的爱已经给了该如何行事的答案。

记得海东老师曾查阅了40多万字的资料，无数个夜里奋笔疾书，呕心沥血拿出了展陈大纲；

记得中国记协胡孝汉书记百忙之中还对大纲逐字逐句审看，提出了重要的修改意见；

记得上海记协、重庆记协、台儿庄记协、左权县记协的领导们一股脑儿掏出了珍藏的家底和我们分享；

记得武汉市文化局、湖北省博物馆、武汉市博物馆、武汉市辛亥革命博物馆、武汉市革命博物馆、武汉市中山舰博物馆的专家们不辞辛劳，冒着武汉的三伏高温酷暑，数次参加我们的专家评审会；

记得"青记"的后人范苏苏老师、陆良年老师，以及"青记"研究专家们都毫无保留提出意见，每次都让我们感觉上了一堂历史课；

记得武汉广播电视台何伟台长为了门口的展台是用花岗岩还是用铜制金属和专班商量了两个小时；

记得詹小林副总编辑从南京回来的路上，将复印的资料视若珍宝，把最好的位置留给它；

记得戚昌慧老师为了一个展陈纪念物的设计，国庆节还泡在设计公司里和对方沟通；

记得展陈公司的设计师们为了一把"号角"的颜色调色彻夜不眠，连夜修改。

我们铭记这一年的荣耀，也铭记这一年的甘苦，更铭记这一年风雨兼程路上的陪伴。

燃犀举火之梦

抚今追昔，80年前，我们的先辈筚路蓝缕，何其艰辛。他们经历了多么复杂的年代，走过了多么长的路。今天，我们生活在一个更好的世界，是否有一天当他们追问我们的故事，我们可以说，我们没有推卸责任，不负历史的托付？

越是望向历史深处，我们就越是坚定我们为之奉献了时光的事业。建好中国青年新闻记者学会历史陈列馆，不是为了躺在功劳簿上要荣誉。更应该做的，是深深思考，如何形成一个平台，凝聚一股力量，燃犀举火，号声嘹亮，延续这国家民族的复兴之光。

今天的中国，已经成为一个伟大国家，中华民族任人宰割、饱受欺凌的时代已经一去不复返了。

今天的中国，民族复兴的时代航船已经扬帆启程，"两个一百年"的梦想正波澜壮阔地驶向前方。

今天的中国，新时代社会主义思想发出的希望之光正照亮历史斑驳的暗影，人类命运共同体的集体乡愁。古老中国的全球担当从来没有今天这样耀眼。

今天的武汉，也和着民族复兴的节拍，开启了迈向现代化、国际化、生态化，和世界亮点城市的步伐！

大风起于青萍之末，时代车轮滚滚向前。穿越 80 年的时光之海，中国"青记"依然散发出熠熠的光芒。对民族国家的永恒之爱，对人类文明的温暖护持，把个人生命与历史嬗变、时代进步融汇到一起的刚毅勇气，到今天，记者们的初心梦想，依然照亮着我们前行的路。

它是过去，它也是现在；它是历史，它也是未来。

走在中国大地上，这初心，一如既往。

走在中国大地上，这梦想，从未止步。

(作者方红芹系武汉广播电视台科教生活频道副主任)

叩开历史之门，礼赞前辈精神

——"青记"历史陈列馆开馆仪式的策划与实施

舒 凯 晓 雷

2018年10月，武汉广电天汉传媒有幸接到台领导交办的中国青年新闻记者学会历史陈列馆开馆仪式执行工作，天汉团队旋即投入到陈列馆的历史人文背景的研究中，大家被新闻前辈身上体现出的坚定浓烈的爱国主义、舍生取义的英雄主义、团结合作的集体主义和精益求精的职业精神深深打动，决定从形、色、韵、情四个方面在开馆仪式上加以艺术呈现。

首先，在设计理念上，我们用完整、系统的视觉传达体系，将红色英雄主义精神贯穿始终，色彩以深红色为总基调，寓意血色抗战的严酷性。活动邀请函、收藏证书、仪式主题屏幕、仪式现场色调、陈列馆牌匾、陈列馆外围标语、围巾等的设计都贯穿着红色视觉传达，从形式和内涵上将新闻前辈舍身取义的爱国主义精神加以充分体现。

一笔抵千军

置放陈列馆牌匾的支架当属开馆仪式的瞩目焦点，我们将它设计为一支斜插的钢笔，基座则是一个墨水瓶，以此表现 1937 年的文化进步青年，在国难当头、民族存亡的危难时期，化笔为刀，一笔抵千军的豪迈气概。

重吹新闻集结号

开馆仪式上，我们特意邀请了一批大学生志愿者和武汉广电小小记者团的孩子们亲临现场，他们穿着民国时期的学生装，佩戴着红色围巾。孩子们吹响"新闻集结号"作为仪式开始的号角，用强烈的形式感让每一位在场人士都感受到一种厚重的爱国主义教育。

重塑抗战红色场景

陈列馆地处汉口吉庆街，此地以烟火气的汉口民俗闻名天下。2018 年 10 月也是"保卫大武汉"抗战 80 周年纪念，怎样在此市井气浓厚的闹市凸显英雄主义的正能量？我们借用了电视场景手法，将陈列馆周边主空间做了一系列的红色提升，在汉口最繁华的大智路六条马路的交叉口昂扬竖立起五米多高的宣传大屏和陈列馆宣传栏，以此街头艺术形式纪念 80 年前武汉举城同仇敌忾、誓死抗战的民族精神。

还原抗战神韵

《记者之歌》是抗战时期青年记者的战斗号角和精神支柱。我们将革命的歌曲重新改编，邀请一批年轻艺术家，拉着手风琴，身着民国装束，在陈列馆里的"青年记者之家"演唱，既丰富了原本已经非常全面的展览内容，也让观众有了一个时空穿越的亲身体验。参加仪式的抗战英雄记者的后人看到这个场景，仿佛又回到先辈们顽强抗日的时代，很多人都流下了感动的泪水。

冬天里的一把火

开馆仪式当日，武汉市遇到了入冬以来的最低温度，大风和暴雪的预报不绝于耳。开馆仪式现场正处大风路口，英雄记者的后人大部分都是老迈年高，体弱多病。为了保证仪式的正常进行，保证老人们的身体安全，我们连夜加班搭建大棚、四处购买取暖木炭，精心规划接待线路，嘘寒问暖，使得仪式在融融的温暖中顺利举行。

开馆仪式临近的那几天，武汉市上空风雪交加、变幻莫测，几乎是我们媒体人这些年风雨兼程的缩影。我们在陈列馆全体筹备老师的带领下，秉承武汉广电人严谨、敬业、无私奉献的精神，在宣扬中国抗战新闻人英雄事迹的同时，升华了自我、感染了四方、鼓舞了士气。陈列馆的建成让每一个媒体同仁找到了方向。风雪再大，寒夜再长，只要新闻人的精神屹立不倒，武汉广电的明天一定会艳阳高照、重现辉煌！

（作者舒凯系武汉广电天汉传媒公司总经理、

晓雷系武汉广电天汉传媒公司总策划）

在新闻"集结号"号声中成长

赵婧如

2018 年 12 月 8 日，中国青年新闻记者学会历史陈列馆在武汉开馆，新闻集结号再一次在武汉吹响。老中青三代新闻人共同缅怀老一辈记者在抗战风云岁月中的艰辛历程，感悟"青记"精神留给我们理想信念的宝贵财富。我作为武汉广播电视台的一名播音员，也是一名"青记"陈列馆志愿讲解员，参与其中，与有荣焉。在"新闻集结号"的号声中，我更加深刻地了解了"青记"背后的故事，我的新闻人生也得到了一次成长和升华。

2018 年 11 月初，当接到担任志愿讲解员任务时，我心里特别奇怪。播音员去当讲解员，到底是干什么呢？为什么广电要参与建设"青记"陈列馆？带着这样的疑惑，我参加了台里召开的会议。会上筹建专班领导说了一句话："青记"是咱们记者自己的组织，我们播音员当讲解员就是记者们讲自己的故事。原来"青记"就是百万新闻工作者的"娘家"——"中国记协"的前身。我是代表武汉广电以及新闻界的记者们，给世人讲述我们自己组织的故事。我暗下决心：作为一名广电人，要把这件事情做好，义不容辞、不负期待。

　　从 2014 年进入武汉广播电视台，我已经在科技生活频道担任了四年多的生活栏目的主持人。虽说讲解与主持有着相似相通的地方，但对于从未接触过讲解工作的我来说这依然是个陌生的领域，该如何着手呢？陈列馆有一份陈列大纲，内容十分详尽。有人说：这么短的时间，能把这个背熟就不错了！但作为讲解员，仅仅背熟陈列大纲是远远不够的。用心讲解是我的使命，努力向观众传播力量是我们志愿讲解员义不容辞的责任。

　　在学习大纲内容之余我也在不断思考，如何让观众在短短的时间内更深刻地理解"青记"陈列馆的主题，如何使观众在听完讲解后真的有所收获、有所感悟。我仔细去读与近现代史相关的书籍，去听讲座，丰富自己的知识体系，提高自身的业务素质。而在实践中我也慢慢发现，这只是我们要做的功课中的一部分。

　　事实上，通过不断换位思考、琢磨，我体会到讲解工作最主要的是讲解员与观众交流情感传递知识的过程。其间，我叫了几个小伙伴过来做测试，发现如果只是把预先准备的讲解词呆板地背诵下来给她们听，她们都东张西望，效果不好。但当我讲解的内容是她们没听过的故事，她们就会听得很专注。

　　那一瞬，我突然意识到，在讲解时，应当根据不同的情况，有意识地创造一些故事情境，就是平常我们所说的"造悬念"。这样做可以使观众由被动听讲解变成主动地探索，激起他们"欲知其事究竟"的强烈愿望，在他们脑海中留下深刻的印象，也使讲解过程生动、活泼。例如，我们的展馆内有这样一张照片：一位年轻记者头戴铁盔，一身戎装，腰间斜插一把手枪。我在讲解这张照片时便设置了一个问题："这样一张照片，您会不会好奇，作为一个记者为什么还要带手枪呢？"然后给出答案："当时这位战地记者是这样回答的：突然遭遇日本鬼子，有枪可以跟他们拼命，实在不行可以自杀，把最后一颗子弹留给自己。"事实证明，开馆当天，这个"悬疑小故事"效果不错，激起了大部分观众的好奇心。因此，在讲解中要清楚观众的兴趣所在，掌握他们的情绪反应，善于顺着他们的意愿去讲解。

在"青记"陈列馆当志愿者的一个月，是我对中国新闻事业发展历史了解最多的一段时光。开馆当天，很多"青记"后人都前来参观，其中陆诒之子陆良年老先生，在馆中徘徊良久，找到了父亲的照片。他想在那面照片墙面前与父亲合影，在帮他拍照之前，他特意脱下帽子，整理了一下自己的头发。他说父亲是战地记者中经历最丰富、走路最多的一位，而我当时在旁边，也深深地感受到了老一辈新闻人的那份艰辛与不易。

在接触"青记"陈列馆这短短的一个月中，我还深深感受到"青记"专班领导们的认真与敬业。戚昌慧秘书长陪着我们在展馆里一站大半天，一字一句纠正我们的问题。她笑着说："我是专业观众。"专班领导专门请来博物馆的专家、资深讲解员给我们上课交流。正是得益于领导们专业敬业的精神，我们的讲解水平才能在短期内迅速提高。

"青记"吹响新闻集结号的历史过程，是一段烽火连天，国土沦丧，日寇铁蹄蹂躏中华大地的艰难岁月，我们的新闻前辈满怀着对国家民族的挚爱和以笔代枪的决心，冒着随时牺牲生命的危险奔赴抗战前线，用信念唤起了力量。没有他们个人的牺牲，就没有中华民族今天的伟大。我们沐浴着他们拼搏过后苦尽甘来的幸福，缅怀历史，这是鞭策我们每个人前进的力量。我是幸运的，能够在"青记"陈列馆里带领观众徜徉于展厅中，和他们一起打开记忆的匣子，一次次踏上这段饱含着苦难、曲折而又光辉的历史之路。我能够向更多的观众传递中国记者组织的知识，带领他们回顾历史、展望未来，激发起他们内心的民族自豪感和自信心，我觉得特别有意义。

一位资深讲解员曾经说过："在博物馆里，你会觉得，那展窗里的文物仿佛拥有生命，它也许守候了几千年只为今日与你相见。"刚开始我很难体会这句话里的深意，然而通过这次担任"青记"历史陈列馆讲解员，我终于懂得，这其实意味着一种责任。作为一位新时代的青年记者，有责任去把一切历史告诉后人，有责任让"青记"的精神传承弘扬。

（作者赵婧如系武汉广播电视台科技生活频道主持人）

后　记

如果不是一场突如其来的新冠肺炎疫情，我们这本书应该早就已经送到了各位亲爱的读者手中。

这是一场全人类与病毒的战争。面对前所未知、突如其来、来势汹汹的疫情天灾，中国果断打响疫情防控阻击战。14亿中国人民坚韧奉献、团结协作，构筑起同心战疫的坚固防线，彰显了人民的伟大力量。

疫情期间，全国共有480名媒体人毅然决然逆行出征，他们冒着生命危险来到湖北省、武汉市这个疫情最严重的区域，他们和湖北省、武汉市的新闻媒体同行一起进行采访报道，真实记录了中国人民与病毒鏖战的艰辛历程，及时反映问题并推进问题解决。

历史是何等惊人的相似！

80多年前，日本侵略者悍然发动了全面侵华战争，中国城乡战火连绵、硝烟四起，中国人民生灵涂炭、苦难深重，山河破碎，国难当头，中华民族到了最危险的时刻！

同样是在武汉，100多位年轻记者辗转相聚，他们有着一个共同的名字——中国青年新闻记者学会会员。他们把中华民族的根本利益

269

看得高于一切，满怀着对人类和平的向往坚守，对国家民族复兴的憧憬追求，以笔为枪，救亡图存，用生命和热血留给世界新闻史四个大写的字——"中国记者"！

当年"青记"的诞生，吹响了全民族觉醒和奋起的新闻号角，汇聚起团结抗日、一致对外的宣传力量，播撒下民族复兴的火种，扩大了红色信仰的影响。坚定浓烈的爱国主义、舍生取义的英雄主义、团结合作的集体主义、百折不挠、精益求精的敬业精神，这跨越时空的"青记"精神，是新闻前辈们留给我们最可宝贵的精神财富，也是激励我们前行的强大力量。

修昔底德说："历史会重演。"

确实，80多年前，"青记"成员们视死如归，前仆后继奔赴抗战一线，用铁肩和妙手凝聚起同侵略者血战到底的空前斗志，坚定了千万中华儿女抗日救国的必胜信念。

80多年后，在这场抗击疫情的战争中，全国百万新闻工作者同样以不畏艰险、舍我其谁的英雄气概奔赴抗疫一线，深入"红区"，走近医生、患者、志愿者，讲述中国抗疫故事，凝聚磅礴抗疫力量，让世界看到一个真实的中国，到处都是坚毅和勇敢，责任和担当。

中华民族成长的历史道路上，充满各种可以预见和难以预见的风险挑战。但总有不惧风雨的勇气、不畏艰险的力量，汇聚成推动中华民族不断发展壮大的潮流。谨以此书，向那些在抗日战争中英勇牺牲的新闻烈士，表示崇高的敬仰！向那些把青春和热血献给中国新闻事业的先辈们，致以崇高的敬意！

历史不断向前，新闻人永远在路上，这本书的出版是我们向历史

后 记

交出的一张时代答卷。展望未来，不忘初心，牢记使命，勇毅笃行，我们将在以习近平同志为核心的党中央坚强领导下，和万千中国新闻人一起拼搏、一起奋斗，开创更加美好的明天！

"中国青年新闻记者学会历史陈列馆"馆名系中华全国新闻工作者协会名誉主席邵华泽老先生亲笔题写，中华全国新闻工作者协会原党组书记、常务副主席胡孝汉对出版工作给予了亲切指导和热情关怀，同时上海、重庆等兄弟省市记协协助组稿，范长江之子范苏苏等"青记"后人挺年迈之躯，费心费力创作并修改文章，武汉市市政府副秘书长、"青记"后人席丹百忙之中亲自撰写稿件并多次指导出版工作，人民出版社责任编辑孙琳菲和武汉广播电视台"青记"工作专班詹小林、陈海东、戚昌慧、方红芹等承担了琐碎繁杂的版务工作，为本书出版付出了辛勤劳动，在此一并致谢。

武汉新闻工作者协会

武汉广播电视台

2020 年 6 月 16 日

责任编辑：孙琳菲

特约编辑：南　茜

装帧设计：汪　阳

图书在版编目（CIP）数据

中国青年新闻记者学会纪念文集／武汉新闻工作者协会，武汉广播
　电视台 编著 . — 北京：人民出版社，2021.10

ISBN 978－7－01－023277－5

I.①中⋯　II.①武⋯②武⋯　III.①新闻事业史－中国－文集
　IV.① G219.2-53

中国版本图书馆 CIP 数据核字（2021）第 053965 号

中国青年新闻记者学会纪念文集

ZHONGGUO QINGNIAN XINWEN JIZHE XUEHUI JINIAN WENJI

武汉新闻工作者协会　武汉广播电视台　编著

人民出版社 出版发行
（100706　北京市东城区隆福寺街 99 号）

北京中科印刷有限公司印刷　新华书店经销

2021 年 10 月第 1 版　2021 年 10 月北京第 1 次印刷
开本：710 毫米 ×1000 毫米 1/16　印张：17.25
字数：190 千字

ISBN 978－7－01－023277－5　定价：65.00 元

邮购地址 100706　北京市东城区隆福寺街 99 号
人民东方图书销售中心　电话（010）65250042　65289539